研究者、生活を語る

研究者、生活を語る

「両立」の舞台裏

岩波書店編集部 編

岩波書店

はじめに

自分の研究や論文執筆に加え、他人の論文の査読、学会の運営、会議に次ぐ会議、大学教員なら授業の準備や成績評価、学生の指導……。研究者というと、どこか俗世と離れたところで真理を追究する人々、身も心も研究に捧げ尽くしている人々、といったイメージをもたれがちですが、実際のところ、少なくとも現代において、研究者は研究以外の仕事でもきわめて忙しそうです。任期つきの方なら、次の職探しもあります。下手をすると、肝心の研究の時間を捻出することすら難しい。

しかも、そこに家事や家族のケアが加わるとなると……。共働きが増えた昨今、そうした生活上のタスクを抱える研究者はけっして少なくありません。さらに研究者の場合、たとえパートナーがいても、夫婦そろって同じ地域に職を得ることの難しさゆえ、別居婚というケースもよくあります。

いったいみなさん、時間や労力をどうやりくりして、どう気持ちの折り合いをつけて、生き延びているのだろう――27名の方々に、経験を寄せていただいてできたのが本書です。

もちろん、どんな方にも生活はあるわけですが、仕事との両立に苦慮するほどの重さをもつのは主に、他の家族構成員に対するケアではないでしょうか。そこで、本書ではとくに育児・介護中の(あるいはそれらを経験した)方々に的を絞っています。第1〜3章は育児がテーマです。第1・2章は、大まかには末子が未就学(第1章)か就学中(第2章)かで分かれており、第3章は、お子さんが独立した世代のお二人に登場いただきました。第4章は介護と、ケアに携わるご本人の病気をテーマとし、終章では、ケアや働き方を専門に研究されているお二方に、全体を俯瞰する視点からお話を伺っています。

一介の出版社の編集部が、このような企画をしたのはなぜなのか。「生活」の存在を可視化し、ひろく共有することで、研究に生活にと四苦八苦する方々がより生きやすくなればうれしい、という期待が第一にあります。しかしそれと同時に、この「仕事と生活の両立」は、研究者にかぎらず、現代の日本で働くもっともっと多くの人々が直面する、普遍的なマターであると考えたためでもあります。

働きながら家族のケアをするという、このごく当たり前のことが、こんなに大変で、時にこんなに苦しいのは、いったいどうしてなのか。どうしたら、みんなもっと無理なく生きられるのか。研究者のみなさんによる、優しくも鋭いことばの数々が、これからの議論の契機になれば幸いです。

★

なお、本書は岩波書店のウェブマガジン『たねをまく』および雑誌『科学』誌上の連載がもとになっています。連載に先立ち、本書に登場された方の他にも多くの方々にお話を伺いました。また連載中も、SNS上などでたくさんの応援の声をいただきました。この場を借りて御礼を申し上げます。そして最後に、貴重な経験を共有してくださった著者のみなさまに、深く感謝いたします。

2024年8月

岩波書店編集部

目次

はじめに

1 疾風怒濤の乳幼児期――育児編I

国際遠距離を乗り越えて――研究者としてのキャリアと家庭生活　渡辺悠樹（東京大学）　2

二児の母のワンオペ育児・研究クエスト　髙橋由紀子（森林総合研究所）　9

タイミングをめぐる私たちの選択――出産・育児と研究のはざまで　大平和希子（東京外国語大学／ハーバード大学）　17

分担し、外注しながら研究する生活　前田健太郎（東京大学）　27

研究者夫婦の常識的日常　小澤知己（東北大学）　33

助けられて、助けられて、とにかく続ける　神谷真子（東京工業大学）　39

おさるのジョージと黄色い帽子のおじさんのような生活　別所-上原学（名古屋大学）　45

3歳児の「親」になって――激変した生活と研究　標葉隆馬（大阪大学）　51

海外で4人の子育てをしながら研究をするということ　中野亮平（マックスプランク植物育種学研究所）　61
シングルファザーから時差同居生活へ　吉田紅（ペリメター理論物理研究所）　69
ゆっくり急げ——みんなで遠くまで行こう　小町守（一橋大学）　76
やれるところまでやってみる——綱渡りをつづけて　榊原恵子（立教大学）　84

2　そして子育てはつづく——育児編II

仕事も暮らしも楽しくまわす　丸山美帆子（大阪大学）　92
男性育休・育児のロング・アンド・ワインディング・ロード　田中智彦（東洋英和女学院大学）　101
出産から海外フィールドワーク、そして非常勤の日々——子どもと歩む研究生活　金城美幸（立命館大学）　112
「逆転」生活からみた世界　佐田亜衣子（九州大学・熊本大学）　119
研究者、育てられながら親になる　安部芳絵（工学院大学）　125
波乱と混乱の生活記録——3人の子を育てつつ　谷口ジョイ（静岡理工科大学）　132
50代半ばの大学教授の平凡な一日　白木賢太郎（筑波大学）　140

3　〈インタビュー〉巣立ちのあとで——育児編III

「人それぞれ」の国、アメリカでの子育て——村山斉さんに聞く　148

「仕事より家族が大事」であっていい——田島節子さんに聞く　156

4　その日は突然やってくる——介護・病気編

子どもに返っていく母と——「同居」から「介護」へ　たねをまく子（仮名）　172
せん妄になった父との一年　源城かほり（長崎大学）　180
遠隔地介護と育児のダブルケア体験記　福山隆雄（長崎大学）　186
医療的ケア児との生活と研究　中村聡史（明治大学）　192
「ポスドク一万人」世代の苦悩——たび重なる試練をくぐって　中野（小西）繭（信州大学）　204
在宅介護・16年と3カ月　本村昌文（岡山大学）　211

終章　〈インタビュー〉ケアをしながら働くということ

ケアとジェンダー、そして権力——山根純佳さんに聞く　222
働き方は変わるのか——藤本哲史さんに聞く　235

巻末付録　その後のこと　245

・本書は、岩波書店のウェブマガジン『たねをまく』で2022年12月～2024年3月に掲載された連載「研究者、生活を語る on the web」および雑誌『科学』2023年1月号～2024年3月号に掲載された連載「研究者、生活を語る」をもとにしています。各稿の末尾に、これらの連載への掲載年月を記しました。本書への再掲にあたり、若干の加筆修正がなされている場合がありますが、本文の基本的な内容は連載当時のままとしています。目次および各稿冒頭の各著者の所属も、連載当時のものです。
・各稿のうち、末尾に「談」とあるものは、聞き取りをもとに編集部で原稿を作成したものです。
・各稿末尾の注のURLは、いずれも2024年8月確認。

1

疾風怒濤の乳幼児期

——育児編——

国際遠距離を乗り越えて
――研究者としてのキャリアと家庭生活

渡辺悠樹
東京大学

理論物理(物性分野)の研究者です。金属や絶縁体など、身の回りの物質の量子力学的な性質を研究しています。まだ大学院生だったアメリカ留学中に娘を、帰国後に息子を授かりました。いまは大学教員をしながら、会社員の妻と2人の子どもと、4人で一緒に暮らしています。

朝ごはん作りから始まる一日

我が家では、家事・育児と家計に対する貢献のどちらも、夫婦半々の負担にしています。お互い収入は自分で管理し、共有口座の残高が減ってくると、その都度同じ額を振り込んでいます。

私は朝4、5時に起き、目を覚ましながらメールチェックや研究の計算を少しすることが日課になっています。その後、6時ごろから魚を焼き始めたり、卵やソーセージなども適当に料理したりと、朝ごはんの準備をしつつ子どもたちを起こします(炊飯器は妻が寝る前にセットしてくれます)。その間、妻は乾燥機から洗濯物を出して片付けたり、保育園や小学校の持ち物の準備などをしたりしてくれています。4人揃って朝ごはんを食べて支度をし、7時過ぎに子乗せ自転車で息子を保育園に送ります。

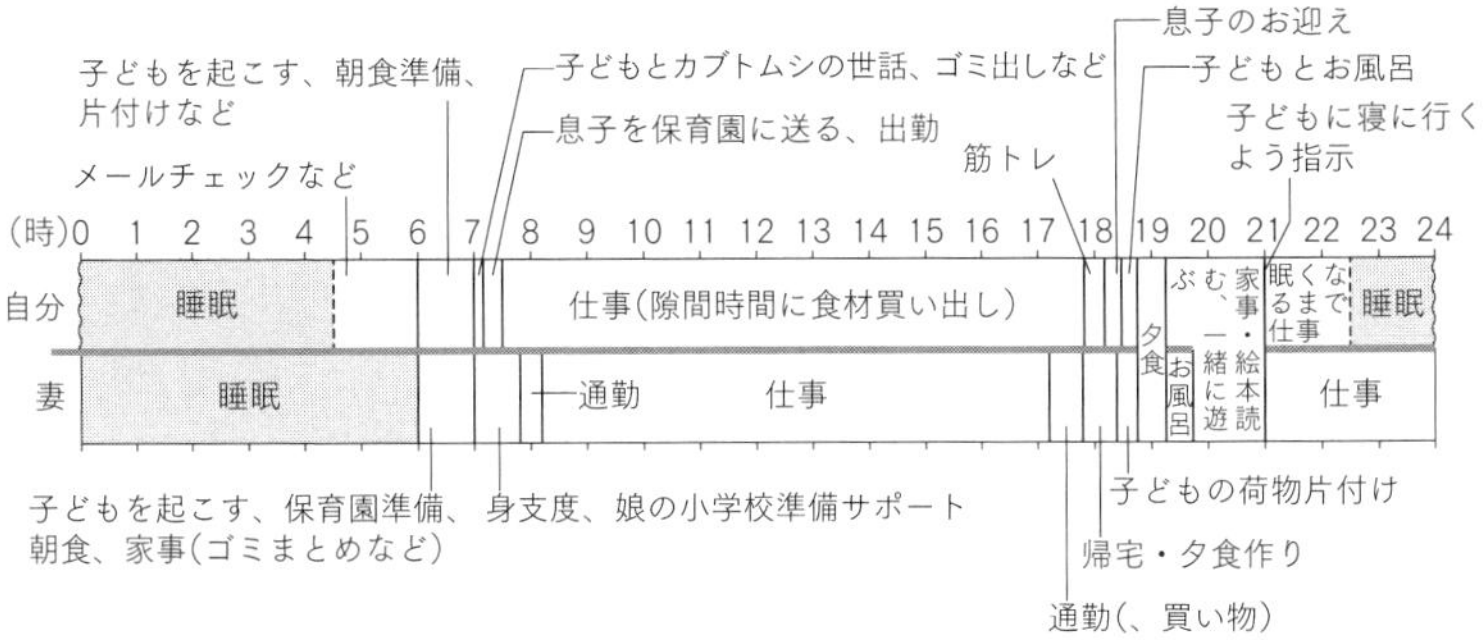

▲平日のスケジュール(例)。

平日は朝の7時15分から夜の6時15分まで息子を保育園に預けており、小学校1年生の娘も、朝8時ごろに家を出て学校に行った後は、夜6時まで学童保育で過ごしています。自分たちが仕事をしている間、子どもたちもそれぞれの生活を頑張ってくれていることにはいつも感謝しています。

息子のお迎えに行って6時30分ごろ帰宅すると、妻が夕飯を準備してくれているので、子どもたちと一緒にお風呂に入り、また食卓を囲みます。日中はバラバラに過ごしていますが、朝晩のごはんは一緒に食べることができており、これが一家の団欒の時間になっています。

朝ごはん。この日は子どもたちが大好きな鮭のムニエルと、チーズオムレツ、ソーセージ。野菜などの栄養バランスは妻の夕ごはん頼みとなっている。

その後、9時ごろに子どもたちが寝に行くまでは絵本を読んだり、娘の宿題を見たりします。最近はPTAのバスケ部[*1]に入ったので、この時間帯に子ども2人を連れて体育館に行く日も、週に2日ほどあります。お酒を飲みつつ論文を書き進めたりちょっとした計算をしたりしながら、10、11時ごろに寝ます。寝かしつけが不要になるなど、子どもの成長とともに生活リズムも変化していますが、最近はこんな感じです。

週末は、土曜日は妻、日曜日は自分の担当で、子どもたち2人の面倒を一日みます。担当でない日は自由時間で、夫婦それぞれリラックスできる時間になっているのはよいのですが、これを優先するあまり、4人揃ってのお出かけはめったにありません。試行錯誤や夫婦での話し合いを経て、このような分担に落ち着きました。

コロナ禍では、小学校の学級閉鎖、1、2週間単位での保育園の休園も何度も経験しました。とはいえ、これまで平日に子どもたちとゆっくり過ごす機会はあまりなかったので、行ったことがなかった公園に行ってみたりして、これはこれでいい思い出になりました。

コロナの影響で滞っていましたが、学会や研究会に参加するため、数日間の国内出張や1週間ほどの海外出張も年に何度かあり、その間は妻に全部任せることになってしまいます。その代わり普段は、私のほうが裁量労働制で時間の制限が緩いため、保育園からの呼び出しなどにはできる限り自分が対応するようにしています。

同居までの道のり

子どもができたかも——日本にいる妻からそんなメールをもらったのは、アメリカ留学3年目の終わり頃でした。留学決断をきっかけに学部時代からの彼女にプロポーズし、一応結婚はしていたものの、当時私はまだPh.D.コース[*2]の大学院生でした。妻は日本で働き始めて3年目で、私たちは先の見えない国際遠距離結婚の真っ只中にいました。私の収入といえば、留学先の大学でティーチングアシスタントとして演習の講義を担当することで得る給料と、日本の財団からの奨学金に頼っており、夏冬の休暇で日本に滞在する際には「被扶養者」の保険証で医療機関にかかっていました。

自分は当時、研究者としてどこかの大学でテニュアをとる(＝任期のない教員になる)ことを目指しており、大学院卒業後は何度か海外でのポスドク[*3]を経験しようと考えていましたし、妻も妻で、終電までの残業も珍しくないほどに仕事にのめり込んでいました。そんな矢先、予想していたより早めに一緒に住み始める必要が生じたのです。昨今、若手研究者の窮状が叫ばれているように、研究者として食べていくことは非常に難しく、どこの大学がいいなどと選ぶことはできないのが普通であり、自分も職を求めて欧米でもアジアでも、どこへでも行く覚悟をしていましたが、こうなると最も難しい問題は、いかにして自分も妻も納得できる形で一緒に住むのか、ということでした。

「海外で頑張っているなら妻を現地に呼べばいいではないか」というアドバイスもたびたびもらいましたが、妻には妻の仕事というか人生があり、それを自分の都合で捨てさせて呼びつけるのは、理由もなしに(ある意味では男女差別によって)自分の仕事の方が偉いといっているようで、嫌でした。この「仕事と家庭の両立」の問題は、周りの若手研究者の知り合いも多くが苦労していることであり、だからこそ、海外留学などの挑戦は身動きがとりやすい若いうちにしておく方がいいと思います。

結局、私は1年早めて4年で大学院を修了する代わりに、ポスドクとしてアメリカに残りながら、日本の大学への公募に応募するという作戦になりました。その間、妻は産休・育休を利用して、実家で子育てをしてくれていました。妻の会社では、職位は下がってしまいますが遠隔地からのオンライン勤務も可能ということだったので、もし自分が日本の大学で職を得られなければ、妻と子にアメリカに来てもらうという話になっていました。

幸運なことに、私の場合はすぐに希望する大学で講師の職が得られたため、日本で一緒に住めるようになりました。ただ、それまではポスドクながら競争率が高く名誉あるポジションにいたのに、任期3年のところを半年で辞めて帰ってきてしまったのは、もったいなかったですし、周囲からも惜しまれました。帰国後のポストは、一応は任期のない常勤の講師でしたが、若手のためのポジションということもあり、真に任期のない(准)教授などではない立場だったため、このタイミングで日本に帰ってきてしまったのは、自分の将来的なキャリアの面でとんでもない間違いだったのではないか、と不安を感じることもたびたびありました。これも幸いなことに、帰国後3年ほどで准教授になることができたため、結果オーライではあったわけですが、一度きりの人生、あのままアメリカに残っていたらどうだっただろうかと、全く考えないわけではありません。

家庭生活による制約と恩恵

独り身だった大学院生のころやポスドクのころは、毎日、合宿のように研究に明け暮れていました。時間を気にせず、研究室に泊まり込んで朝まで論文を書いたことも何度もありました。いまは家庭があり、家族の生活があり、それはやはり足枷になっている部分もあります。就寝時間、帰宅時間などはどうしても自由になりません。京都や仙台などに議論や講演に行く際、子どもたちを保育園に送り届けたのち新幹線に飛び乗って、用務先に数時間滞在したのち、お迎えに間に合うように帰ってくるということもありました。海外での研究会にもフルには参加せず、だいたい半分くらいで切り上げることにしています。毎日のお迎えのために、会議を途中で抜けさせてもらうということもたびたびあり、これに関しては同僚の理解や、近年の働き方改革の動きに感謝しています。

ただ、必ずしもマイナスなことばかりではありません。理論物理の研究者として、先の見えない研究に取り組むことも多いですし、うまくいかないことも、ライバルに先を越されることもあります。そんなときにもいつも家族がいてくれて、子どもたちは、自分と遊ぶことを楽しみにしてくれていたり、お迎えに行った時に嬉しそうに走ってきて抱きついてくれたりします。そんなときには自分の存在価値を感じますし、率直に癒されます。出張中、用務先に滞在できる時間が限られていることは、その時間をフルに有効活用することにもつながります。いろいろと書きましたが、日々幸せを実感できるいまの生活にとても満足しています。

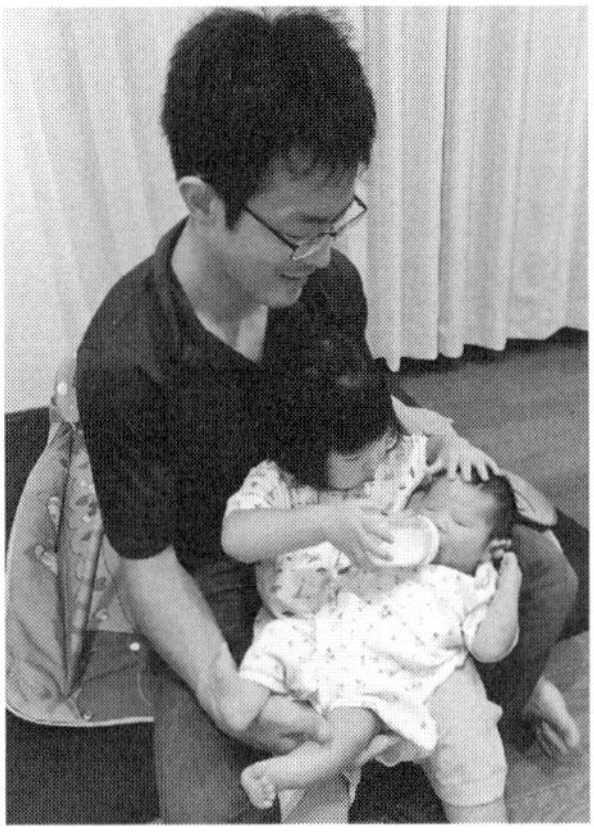

生まれたばかりの息子にミルクをあげるお手伝いをする娘。

思い返せば、アメリカ留学中、議論をしたいのに指導教官がなかなか時間をとってくれず、夕方にやっと捕まえたと思っても、5時ごろになると「お迎えだから」と帰ってしまうことがたびたびありました。「子どもが熱を出したから」と、約束をすっぽかされたこともありました。当時は不満を感じていましたが、その先生は今ではハーバード大学に移り、世界で最も有名な研究者の一人になっています。そんな憧れの先生も家庭を非常に大切にされていたことは、自分にとってのよいロールモデルになっています。今度は自分が、研究室の学生たちにとってのロールモデルになれるよう、これからも日々の生活と研究に取り組んでいこうと思います。

（2022年12月）

＊1 子どもではなく保護者の部活。子連れで来る人も多く、子どもたちは子ども同士で楽しく遊んでいる。
＊2 日本の修士と博士を合わせたもので、通常5年ほどかかる。
＊3 博士号取得後になる任期付きの研究員。

渡辺悠樹　わたなべ・はるき

1986年生まれ。東京大学大学院工学系研究科物理工学専攻准教授。専門は物性理論。2015年にカリフォルニア大学バークレー校でPh.D.を取得後、マサチューセッツ工科大学でフェロー研究員、東京大学大学院工学系研究科物理工学専攻講師を経て、2019年より現職。2024年3月まで4年間、保育園の保護者会会長も務めた。

二児の母のワンオペ育児・研究クエスト

髙橋由紀子
森林総合研究所

森林病理学（樹病学）の研究者です。樹木に病気を起こす菌類の生態や、病害の発病機構の研究をしています。夫婦で任期付き研究員（ポスドク）をしていた時に第一子が誕生し、1歳を過ぎたころに夫が県外の大学に職を得て転出して以降、ワンオペ研究生活を送っています。最近第二子が誕生し、4カ月の休職を経て、育児にウェイト多めの研究生活を再開しました。

平日の一日——小人と赤子と私、ときどき夫

我が家の朝は、夫からのFacetimeの着信音で始まります。もともと朝が弱い質に加え、生後半年の赤子（第二子）の授乳で寝不足の私は、ゾンビのように布団から這い出して、Facetimeの通話ボタンとテレビをONにします。

小学1年生の小人（第一子）を起こしつつ、朝食の支度と並行して、小学校と保育園の準備をします。子ども2人を同時に相手はできないので、まずは小人の支度を進め、小人の準備ができたら赤子を起こして支度をはじめます。

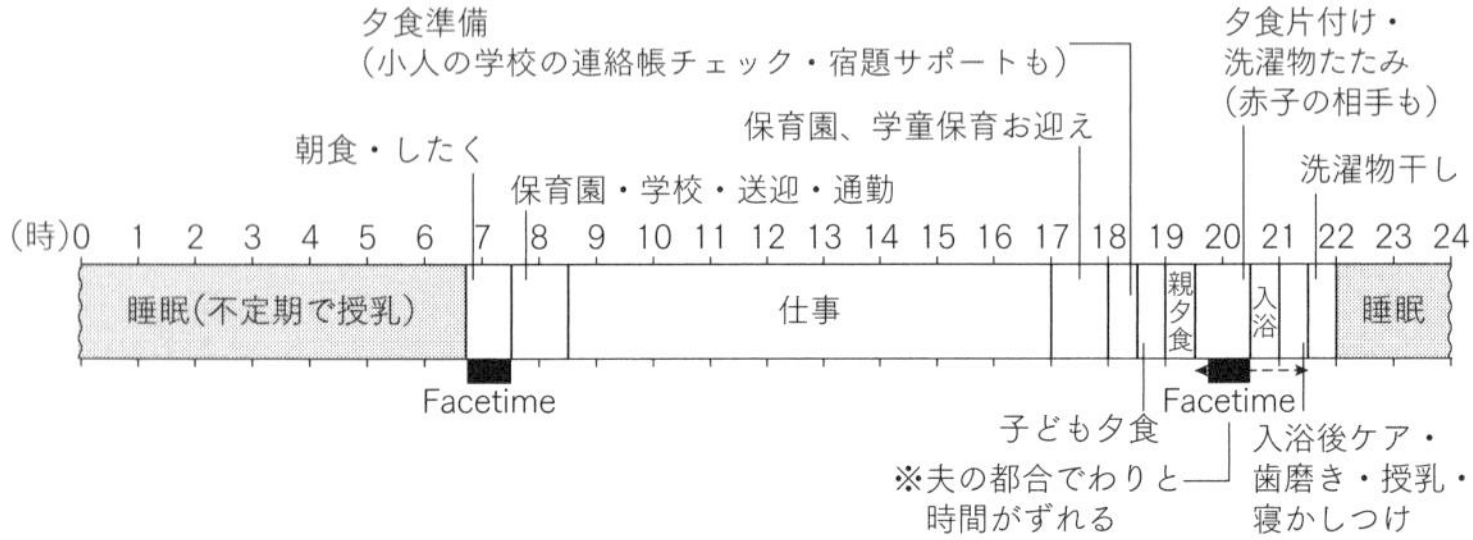

▲平日のスケジュール(例)。

夫が出勤するタイミングで通話を終了するのを皮切りに、全員で家を出て、自家用車で順番に送迎します。小学校を8時、保育園を8時20分に出て、通勤ラッシュを抜けて8時45分に職場に到着。そこから、メール対応や研究業務、学会の仕事などをこなし、昼には30分程度、母乳育児を継続するために搾乳します。午後は午前の続きをしたり、実験や圃場作業をしたりします。

帰りは帰宅ラッシュを避けるために就業時間を前倒しし、17時頃に退勤します。学童保育に小人、保育園に赤子を迎えに行き、車移動中に小人と夕食のメニューを決めます。18時過ぎに帰宅したら、20分で夕食の支度をし、その間小人には学校の事務連絡や宿題をするよう声がけし、布団の上で奇声を上げる赤子にも目を配ります。夕食を配膳し、小人が食べ始めたら、赤子に離乳食を与え、授乳します。子どもたちが食べ終わったら、19時のニュースを見ながら自分の夕食をとります。夕食が済んだら食器を下げて予洗いし、食洗器をセットしますが、赤子の機嫌が悪ければ赤子の相手をし、隙があれば洗濯物をたたみます。

20時前にお風呂を沸かし、準備ができたら入浴します。この間に夫からまたFacetimeが着信し、一日の出来事を報告しあったり、小人と夫がゲームに興じたりしますが、入浴時間が後ろにずれ込むこともしばしばです。

20時30分には強制終了して入浴します。脱いだ服を入れたら洗濯機をスタートし、うまくいけば風呂上がり、ダメな場合は寝かしつけ後に洗濯物を干します。入浴後は子どもたちに保湿剤を塗り、小人には歯磨きと持病の薬の服薬、赤子にはミルクと母乳で寝かしつけし、21時30分に消灯します。

Facetimeでつながる

夫は、県外に移って以降、平日にはこうしてオンラインでつながり、1~2週間ごとの週末にこちらに通ってくるという生活を続けています。

初めての二人暮らしが始まったときも、もう一人増えた今でも、幼い子どもたちはiPadの画面に映る父に喜びます。ふだん顔を見て声を聴いていると、夫が帰宅したときにも「誰?」とならずに済みます。夫にとっても、幼い子の日々の成長を目にすることができる貴重な時間です。

私にとっては、Facetimeは子どもを見てくれる目になります。お風呂の準備などでどうしても子どもから目を離さなければならない時に、誰かの目が届いているというだけでも大きな安心感があります。一子が大きくなって自分の時間を自分で過ごせるようになると、お互い接続している画面から姿を消し、空間をつなげているだけになることもありましたが、オンラインゲームをやり始めてからは、Facetimeで実況中継しつつ、親子で同じゲームの世界を過ごしています。第二子が生まれた後も、(上の子が下の子をあやしてくれることもありますが、気分にムラがあるので)見守りは相変わらず夫の役目になっています。

私があわただしく家事をする画面の向こうで、夫が布団に入ってゲームをしているのを見るとモヤモヤした気持ちになりますが、遠隔地でできることは限られているので、夫には現在の科学技術で可能な限りは役に立ってもらっていると思います。500キロの距離を一瞬で超えられるツールの存在は、我が家には欠かすことのできないものとなっています。

ワンオペ出張研究クエスト

一子も二子も、離乳前までは母乳とミルクの混合栄養で育てていたので、基本的には遠方への宿泊を伴う出張はしませんでした。

一子が離乳して1歳を過ぎ、保育園の利用時間も少し延びて、近場であれば問題なく出張できるようになったころの3月、前述のワンオペ研究生活が始まりました。幸いにしてその年の4月から現在の職場で常勤職として採用され、自分が研究代表者の課題を始めるのに合わせて、野外調査を再開しました。

この時に研究対象としていたのは天然林に棲んでいる菌でしたが、このような場所は基本的には山深く、最寄りの鉄道駅からも車で1~2時間移動する必要のある場所です。日本各地の天然林での調査計画を立てるわけですが、まず行けるのかという問題があります。Google Mapsで自宅から目的地までのルートと時間を検索しますが、自宅を出発して保育園の開園時刻から子どもを預けて駅に向かい、電車と新幹線で目的地の最寄り駅に到着、そこからレンタカーの店舗まで歩いてレンタカーを借り、車で目的地まで移動して調査開始。帰りは保育園の閉園時刻前までに迎えに行けるように逆算して調査を終了する必要があります。ジョルダンでバスや鉄道、飛行機の乗り換えを検索し、分刻みのスケジュールを立てます。

日帰りしようとすると、目的地はどうしても近場に限られてしまいます。そこで、子どもが未就学の場合、次なる選択肢として浮上するのが、子連れ宿泊出張です。目的地の近くに利用可能な一時保育施設があるかを調べますが、通常の一時保育サービスは各自治体に在住する人が利用することを前提としているので、他所から訪れる人が利用できる場所はほとんどありません。ここで、職場のダイバーシティ推進室の出番です。利用契約をしている民間保育施設があるので、条件が合えば同伴出張も可能です。前述の旅程に宿泊先と民間保育施設までのルートを加えて、出張計画を立てます。しかし、これもやはり、天然林のあるような場所の近くには、そうそう利用できる施設はありません。

そこで、最後の手段は夫の召喚です。夫の帰ってくる週末に、出張旅程の一部を被せます。金曜日の朝に私が子を保育園に送り出してから出発し、夕方に単身赴任先から帰ってきた夫が迎えに行って子の世話をし、私は夜遅くか翌日土曜日に帰宅する。あるいは、私は日曜に出発し、翌日月曜日に夫が子を保育園に送り出した足で単身赴任先に出勤し、その日の夕方に出張先から帰ってきた私が子を迎えに行きます。一子が就学するまでの6年間を通じて、このパターンが一番多く、二子誕生以降もおそらく、このパターンでしか出張できないだろうと感じています。

一方で、タイトなスケジュールを立てても、初めて行く現場では予想外のことが起こります。携帯電話の電波も入らず、林道には落石が多く転がっていて、路肩は崩落しかけているなどということは、地図には載っていません。何かトラブルが起これば、家に帰れないばかりか、帰りを待つ子が路頭に迷うかもしれない。極端に選択肢がない上に、絶対に倒れられないプレッシャーがのしかかる、セーブもリスポーンもできないクエストは、とても一人でクリアできるようなものではありません。程度の差はあれ、フィールドワークに携わる研究者は、誰しもが抱える課題なのではないかとも思います。研究にウェイトを置こうとすればするほど苦しくなるし、解決方法もわからないし、共有できる人もいない。そうなると、究極の答えは「諦める」にならざるを得ないのが現状かもしれません。

正直うらやましい

生活と研究をともに回す中で、大変なことは肉体的な健康はもとより、メンタルヘルスを維持することです。我が家の場合、夫は同じ分野の研究者で年齢も同じであり、産前産後の休業期間も、私自身は4カ月、夫は3カ月で、2人同時に復職しています。違うのは業種と所属、家庭責任のレベルですが、競争的獲得資金の申請などで考慮の対象となる休業期間はほぼ同じでも、結果だけ見ると論文数には大きな差が生まれています。本人の能力や携わる業務内容の違いがあるにせよ、日々の子どもの送り迎えや家事などの、休業期間のような記録に残らない時間と労力の差は考慮されることはまずありません。

「夫婦別居で子どもを育てながら研究をしています」というと、日々ままならない私のほうは「大変だね」と言われ、遠方から週末に新幹線で帰省する夫は「偉いね」と言われます。内心、〈偉いのは私だが？〉と思ったり。「業績が出ないのはしょうがないよ」とも言われますが、何がしょうがないのか。

フィールドワークに行くために、何時間もかけて調査計画を立てたりしないで、「ちょっと何日から何日までどこに行ってくるわ」って言ってみたい。登園登校時間よりも早出して、降園下校時間を気にせず残業したい。送り迎えに費やす時間をそのまま、実験する時間に充てたい。家で本を読んだり、あわよくば論文を書いたりもしたい。何より夜にぐっすり眠りたい。しょうがないと思いたくないし、諦めたくもない。でも体力的に無理。

思うように研究できないこと、研究業績が出せないこと、自分の時間がないこと、絶対に倒れられないこと。これらのおかげで、職場のメンタルヘルスチェックでは「高ストレス状態」しか出たことがありませんが、医師面談を受けても結局、ストレスをなるべく感じないように穏やかに過ごすぐらいしか、できることがないのです。

唯一の救いは、生活と研究との切り替えが気分をリセットしてくれることです。朝、育児で疲弊して、もう嫌だとなっても、出勤したら一人の研究者に戻れ、また一日働いて、行き詰まりを感じても、終業ベルが鳴って階段を降りるときには子どもたちに会うのが楽しみになる。こればかりは〈いいだろう? イヒヒ!〉と、思わざるをえないわけです。

★

女性研究者がロールモデルを語る本を読むと、夜中に論文を書いたりバリバリ活躍されていたりするスーパーウーマンばかりで、読んだ後には大概心が萎れます。しかしこれ自体生存者バイアスで、実際の世の中は、もがき苦しみながらも細々と研究を続けている人のほうが多いのではないかと思います。私自身は全く両立できておらず、毎日山盛りの洗濯物の横で寝ていますし、そもそも夜更かしすると子どもへの当たりが強くなるので、22時には寝ます。夕食がマクドナルドのハッピーセットになるときもあります。それで子どもたちがハッピーかは、彼らが大人になったときに聞いてみないとわかりません。

一子に「どうしてうちはばらばらなの?」と聞かれたとき、答えに窮しましたが、「かっか(母)もとっと(父)も、ほかの人ができないことをしているからだよ」と答えました。自分しかできないことをやっているんだという矜持だけが、日々の自分を奮い立たせているようにも思います。同じような境遇の研究者の人も、あるいは研究者でなくとも、仕事を持ちながらワンオペの母親業をしている人も、きっとその人にしかできないことをしているのだと思います。そうしてうまくいかないなりに頑張っている人たちが、報われる社会であってほしいと願ってやみません。

(2023年5月)

高橋由紀子　たかはし・ゆきこ
1981年生まれ。国立研究開発法人森林研究・整備機構森林総合研究所きのこ・森林微生物研究領域主任研究員。専門は森林病理。2009年に東京大学大学院農学生命科学研究科で博士(農学)の学位取得後、同研究科で特別研究員、日本学術振興会特別研究員(PD)(東京大学大学院新領域創成科学研究科)、森林総合研究所特別研究員を経て2017年より現職。

タイミングをめぐる私たちの選択
——出産・育児と研究のはざまで

大平和希子
東京外国語大学／ハーバード大学[*1]

アフリカ政治の研究者です。昨年度に博士号を取得し、7年がかりの博士課程を終えました。理容師の夫との間に、6歳の息子と、まもなく1歳になる娘がいます。昨年の夏に娘を出産した後、夫と子ども2人を日本に残して単身で渡米し、ハーバード大学のアフリカ研究センターで研究をしています。

博士1年目で出産、リモート生活へ

いったん社会に出て、青年海外協力隊としてウガンダにも行き、それから大学院へ進学しました。修士課程に入ったのが30歳のときです。進学以前に結婚はしていたし、子どもも欲しかった。でも、どのタイミングで子どもをつくるか、悩みました。

修士課程は授業の負担も大きいので、「修士の間に子どもは難しいんじゃない？」と夫から説得され、修士課程2年目の12月、もう修士論文を出せる、という段階になって妊活をはじめ、第一子は、博士課程に入学してすぐに授かりました。

ちょうどこのころ、ウガンダと日本の二国間の共同研究にお誘いいただき、第一子の妊娠がわかったのは、フィールドワークのためウガンダ行きの航空券をとろうとしていた矢先でした。初めての妊娠に、初めてのフィールドワーク。妊娠中にどんな体調の変化があるかもわからない中でフィールドワークを実施するのはリスクが高いと判断し、このときはフィールドワークを諦めました。

そして、出産後は授業をとるのも難しくなるだろうと思ったので、博士課程の1年目で単位は全部とってしまおうと、キャンパスでできることを頑張りました。妊娠しながら授業をこなすのは精いっぱいで、つわりのときはフラフラになりながら……。貧血もひどく、授業の途中で1回倒れたこともありました。ただ、先生方がみなさん理解してくださったのがすごくありがたかった。身体を気遣ってくださった方も多く、なんとかその時期を乗り切りました。

大学の授業が1月の末くらいに終わった後、2月に地元の富山で里帰り出産しました。それ以来、昨年の渡米まではほぼずっと、富山の実家で暮らしてきました。北陸新幹線はすでにできていて、東京まで2時間で行けたので、東京に通いつつ、富山に住み続けることにしたのです。

第一子の息子が生まれたのが2017年の2月で、2018年の3月末までの1年間は育児を最優先し、休学しました。ただ、休学中も、ゼミなどにはちょこちょこ顔を出したりしていました。やはり育児経験のある知り合いの先生が、「続けることが大事」といつも言ってくださっていたので、休学中もとにかく何かを続けようと。研究はほとんど何もできず、フィールドにも行けないながらも、二国間の共同研究のプロジェクトだけは辞めずに続け、それで論文を書いたりもしました。

フィールドにいつ行くか、2人目をどうするか

そして子どもの成長とともに、またウガンダでのフィールド調査ができないかと、考え始めました。私の研究では人に会って話を聞くのが基本のため、フィールド調査は不可欠なのです。

黄熱病の予防接種を打てるようになるのが、生後10カ月からです。まずはそれを待って、息子が生後10カ月になったタイミングで、短期でウガンダに連れて行きました。といっても、私の調査地へ行くには首都からバスで4〜5時間かかるため、そこには行かず、首都近辺で、以降のための予備調査をするという位置づけです。子連れのフィールドワークをやっぱり体験しておきたかったし、実はその少し前から、夫が単身でウガンダに行っていた[*2]というタイミングのよさもあって、「これはウガンダ行くか」と(笑)。

帰国後、なんとか2018年5月から息子を保育園に入れ、それからやっと、研究らしいことができるようになりました。富山の市立図書館に週4〜5日通いつつ、ゼミがあるときなど、1〜2カ月に1回くらいは大学に顔を出していました。

そして本格的にフィールドワークに出たのが、息子を保育園に入れた年度の2月です。今度は1カ月、息子を置いていきました。夫と、同居していた父と母にお願いをして。現地では本当に寂しくて、日本サイドでもたくさん苦労があったと思いますが、同時に、「やってしまえばこれはどうにかなる」ということを覚えました。その後はコロナ禍でなかなか行けませんでしたが、あと1回、どうしても行かないと博士論文が書けないということで、2021年の6月、ウガンダでのコロナ第一波が収まりかけていたころにもう1回、やはり単身で渡航し、2カ月ほど調査しました。

2人目はずっとほしかった。でも、第一子の妊娠中には学校にもまともに通えなかった自分が、次にまた妊娠したら、フィールドには出られないのはわかりきっていました。そして、いざ産んだら、その後はいつ行けるかわからない。そこで、「フィールド調査が終わるまで、2人目の妊活は待とう」と夫と話し合いました。そのフィールド調査がどんどんコロナで先延ばしになったので、妊活もどんどん先延ばしです。2021年夏の調査が終わって帰国して、博士論文を執筆しつつ、2人目の妊活をやっと開始することができました。

綱渡りの挑戦、そして出国

ただ、その妊活再開と同じくらいのタイミングで、ハーバード大学で若手アフリカ研究者向けのトレーニングプログラムの募集があったのです。アフリカの歴史や言語の授業を聴講しつつ、メンターのもとで自身の研究も進められるということで、とても魅力的だと感じました。

応募期限は10月末です。応募案内がゼミのメーリングリストで回ってきた時には、「行けないなあ」と思いました。2人目も欲しいし、しかも1年も息子を置いて、家族を置いて……。

でも、指導教員の先生がゼミの終わりにボソッと「まあ行きたくても行けない人もいるとは思うんですけど、なかなかない機会ですから」みたいなことをおっしゃったときに、何か、その言葉が脳内でいい感じに変換されました。「あ、行きたくても行けない人って私かも」「でも応募してみるだけだったら誰でもできるじゃん」「受かってから考えればいいや」と。要は、ああやっぱり挑戦したい、と思ったのです。

とはいえ、もし受かったとしたら、渡航日は8月と決まっていました。アメリカでの、9月からの新学期がはじまる前には渡航する必要があったのです。そこから逆算すると、どんなに遅くとも7月末までに産んで、1カ月は休んで、8月末に渡航するのが現実的です。7月末までに産むにはいつまでに授からないといけないか……とまた逆算すると、いよいよあと1回か2回のチャンスです。もしそのタイミングで授からなかったら、ハーバードの結果が出るまでは妊活は休もう、と夫と話しました。

そして、応募を終えた後、これ以上後にはずらせないというそのタイミングで、第二子を授かったのです。これは本当に奇跡的でした。そして、ハーバードのほうも無事に選考を通過しました。となればいよいよ、産んですぐに渡航しなければなりません。

実際の出産予定日は、8月10日ごろでした。でも8月10日に産んでいては遅いので、産科に相談をして、少し早めに計画分娩することにしました。

産科ではものすごいプレッシャーを受けました。「え、アメリカですか？」「え、一人で行くんですか？」「赤ちゃん置いてくんですか？　え⁉」と……。言葉の端々に、厳しさがにじむのです。

でも一番近くにいる夫は、「他の人はなんだって言えるんだから」「そう言われて当たり前のことをやろうとしてるんだし」と言って、逆に私を納得させてくれました。そもそも夫は最初から、このプログラムを「受けた方がいい」と言ってくれ、受かったあとも「これは絶対に行った方がいい」と言ってくれていました。理解者が隣にいるのは、本当にありがたいことです。

幸い、第二子の娘は無事に生まれてくれて、産んだ翌日に航空券を予約しました。そして計画通り、産んでからちょうど1カ月で、アメリカへ渡りました。最初は授乳したかったので、1カ月は母乳をあげて、あとは母乳を止める薬を飲みました。もちろん母乳はすぐには止まらないので、飛行機の中でも、渡航してからも夜中に搾乳していました。

ただ、何かの転機を迎えるということが、当時の私にはとてもうれしかったです。それまでは、いろいろなことがコロナ禍で停滞して、まだ博士論文の執筆も終わっておらず、何か進んでいるという感覚をなかなか持てませんでした。そんな中で、やっと新しい環境に身を置けて、新しい人と何かできる、というエキサイトメントの方が、不安を上回っていました。

実際に、ハーバード大学の研究環境は素晴らしく、あのとき応募してよかったと心から思いました。博士論文執筆過程の最終段階をここで過ごせたことは本当に幸運なことで、先行研究として参照していた本や論文の著者と博論の内容について議論できたときは、嬉しくて涙が出そうになったくらいです。各国からやってきた素晴らしい研究者との交流が持てたことも、一生ものの財産です。それでも、冬になって陽が照らない日が続くと、家族と会えない寂しさばかりが募り、精神的に苦しい日々が続きました。

日本に残した息子は、やはり最初は泣いたようですが、これまでの経緯もあって、私が長期的にいないことに少しは慣れているのと、家には夫も、生まれたての娘も、母もいるというのとで、わりに早く順応してくれたようです。おおよそ息子が日本の保育園に行くくらいの時間がアメリカの夕方にあたるので、そのくらいの時間帯に、ほぼ毎日のようにビデオチャットしていました。

「人間7回目」の夫、それでも

ここまで述べてきたように、夫は「人間7回目くらいかな？」と思ってしまうようなよくできた人で、一貫して私を応援してくれています。1人目の里帰り出産についてきてくれたばかりか、実家の近くの理容室に就職してくれ、今は、数年前にオープンした自分のお店を営みながら、私の実家で母とともに育児を担ってくれています。基本的に、育児も大好きな人です。ただ、それでも大変だろうと思います。

夫と子ども2人はこの4月にアメリカに来て、1カ月ほど滞在したのですが、その1カ月で、夫の大変さをつくづく実感しました。2人の育児というだけでも大変ですが、そのうえ、生後8カ月の娘がものすごくパワフルで、上の子の乳児期とは、子育てにかかる手間がぜんぜん違うのです。よく動くし、叫ぶ。お風呂ひとつでも大変で、「こんなんだったっけ、育児って？」と思うほどです。

半日だけでも夫に楽をしてもらおうと思い、一度、自分としてはかなり無理をして、午前中に夫と息子に出かけてもらい、娘を一人でみていたことがあります。たった6時間くらいでしたが、私は一瞬も何もできず、昼食をつくるのが精一杯でした。せめて翌日の研究発表のスライド1枚でも作ろうと思っていましたが、無理でした。

短期間ではありましたが、この1カ月は本当に大きかったと思います。大変だと話できいていたものが、実際に自分も参加することで、どれだけのものかわかりました。

私が博士課程を乗り切れたのは、間違いなく家族の応援と協力があったからです。今回は、私の渡米のために夫が全力を尽くしてくれました。結婚して10年近くが経ちますが、思い返せば、何か大きな選択に直面した際に、夫から「それは無理だよ」「できないよ」といった言葉は聞いたことがない気がします。もし私が逆の立場に立ったら、どんなに難しい選択であっても最初から決めつけることはせずに、パートナーの葛藤に向き合い、応援できる人でありたいと思います。

広い世界を見てほしい

夫と娘は4月末に帰国して、いまは息子とアメリカで二人暮らしをしています。

渡米を決めた当初から、これを私だけでなくて、家族みんなにとっていい経験にしたい、と思っていました。その一環で、こちらに来る当初から、息子が3月末に日本の保育園を卒園したら、4月からはアメリカで幼稚園に通わせよう、と計画していたのです。日本の保育園を卒園しても、アメリカの新学期は9月に始まるので、9月前に6歳であれば、まだ幼稚園に入れるのです。

息子の通う幼稚園では、登園後、まず外に並んでから教室に入ります。初日に一緒に連れていって、並ぶところで泣くかなあと思ったら、振り返りもせずに教室へ入っていきました。毎日笑顔で登園し、その順応性の高さに先生も驚いていたほどです。

息子がアメリカで初めて登園した日。日本でいう幼稚園年中から小学校までが全て入る大きな建物。日本では小規模の園に通っていたため、広い廊下や大きな壁画に興味津々の様子でした。

とはいえ、大好きな父と妹が帰国したときには、息子は毎日泣いていました。そこで、以前アフリカに行ったときに、アフリカ中心の世界地図を買ってきていたので、息子にそれを見せました。「世界はこんなに広くて、いまは日本を飛び出してここにいて……」と。

アメリカに来てからたった数カ月で、息子はたくさんの国の人たちと出会うことができました。中国、ブラジル、ドミニカ共和国、南アフリカ、フランス、ガーナ、ルーマニア……。今では、自ら地図を広げて「〇〇の国はここだね！」と楽しんでいるようです。

息子がアメリカに来たのは私がアメリカにいるからであって、一言で言えば「親の都合」です。それでも、「親の背中」を見て育ってくれたら嬉しい。自分のやりたいことをやって、生きたいように生きる姿を子どもたちに見せたいというのは、夫婦共通の認識として持っています。まだ6歳とはいえ、今しかできない経験をして、広い視野を持って、生きる土台を築いていってくれたらと考えています。

（談、2023年7月）

＊1　原稿執筆当時。現所属は上智大学。
＊2　夫とはウガンダでの青年海外協力隊時代に知り合った。本職は理容師だが、大のウガンダ好きであり、この時期は、現地でNGOを立ち上げるべく、夫が単身でウガンダへ行っていた。

大平和希子　おおひら・わきこ
1983年富山県生まれ。上智大学グローバル教育センター特任助教。ブリティッシュコロンビア大学卒業後、青年海外協力隊でウガンダへ。帰国後、NGOインターン、桜美林大学助手を経て、進学。2023年に東京大学大学院総合文化研究科で博士号(国際貢献)を取得し、本稿執筆時は日本学術振興会特別研究員(RPD)として東京外国語大学に所属しながら、ハーバード大学アフリカ研究センターで研究していた。2024年より現職。専門はアフリカ政治研究/ウガンダ地域研究。

分担し、外注しながら研究する生活

前田健太郎
東京大学

政治学者です。大学院生だったころに妻と結婚し、大学教員になって2冊目の本を出したころに娘が誕生しました。娘が1歳の時、1年間の在外研究期間を取得したため、しばらく単身赴任となりましたが、帰国後は3人暮らしに戻っています。

平日は三部構成

私の平日は、大きく分けて三部構成です。

まず「朝の部」は、3歳の娘の起床とともに始まります。朝食を作り、妻の出勤に合わせて娘を近所の保育園に送った後、戻ってきて家事の残りを済ませ、一息つきます。このあたりで、時刻は午前10時です。

ここからが、「昼間の部」です。大学に行き、授業の資料を作成したり、メールに返事を書いたり、本を読んだりします。そして、夕方には大学を出て、午後6時ごろに保育園に向かいます。

ここで、「夜の部」に移ります。まず、近所の公園やショッピングモールで娘と遊び、買い物をし

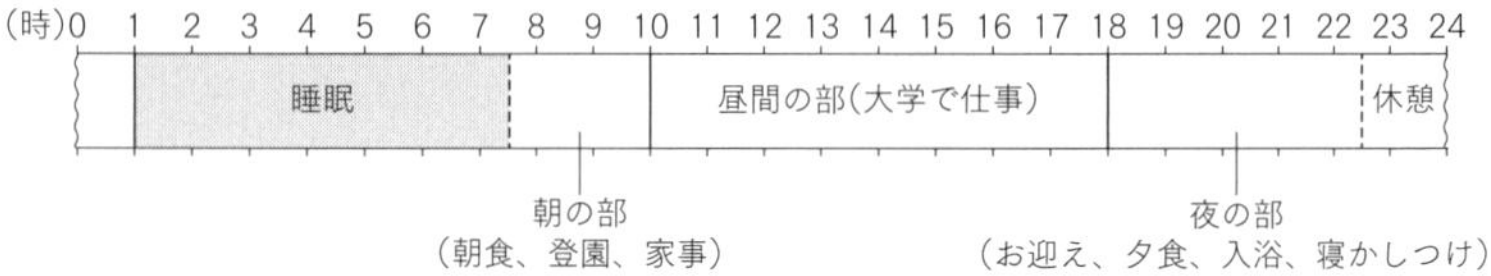

▲平日のスケジュール(例)。

ます。帰宅して夕食を済ませ、入浴を終えると、寝かしつけの時間です。一緒に布団に入り、絵本を5冊から10冊ほど読み聞かせるころには、娘が入眠します。

これで、一日の「業務」が終了です。妻が仕事を終えて帰ってきた後は、互いにその日の出来事について話し、就寝します。

「両立」の種明かし

このスケジュールを見ると、私があたかも「ワンオペ育児」を行っているかのように感じるかもしれません。また、真面目な研究者がこのようなスケジュールで生活するのは無理だと思う方もおられるでしょう。この文章でお伝えしたいのは、決してそうではないということです。そもそも、これまで日本で子育てをしてきた多くの女性研究者は、これと似たようなスケジュールで生活してきたのではないでしょうか。そして、私の生活には、それを可能にする仕掛けが、きちんと存在しているのです。

それでは、私はいったいいつ、研究をしているのでしょうか。その答えは、週末です。我が家では、平日と週末で育児を分業しています。土曜日になると、私は午前中に一通りの家事を済ませた後、大学の研究室に向かい、夜まで作業を続けるのです。このため、帰るころには、娘がすでに寝ていることも少なくありません。

このような分業体制を敷いているのは、それが夫婦の勤務形態に最も適しているからです。妻は平日の夜に仕事が入るため、保育園の迎えに行くのは現実的ではありません。

これに対して、私の平日はそれなりに時間の融通が利きます。そこで、私が平日の育児を引き受け、代わりに週末は妻が育児を担当することにしたという経緯があります。

ここで大きな助けになっているのが、ベビーシッターと家事代行サービスです。

もともと、妻の出産後しばらくは、夫婦それぞれの両親の手を借りながら、自治体の制度を利用して、ベビーシッターにも来てもらっていました。その発想の延長で、妻が仕事に復帰した後も、ベビーシッターを週末ごとに利用することにしたのです。２０２０年に新型コロナウイルス感染症の流行が始まり、保育園が休園になると、ベビーシッターの提供するサービスは我が家の生活には欠かせなくなりました。

その後、娘が大きくなるにつれて、次の課題が浮上しました。それは、平日の夕食です。

私は一人暮らしの経験はあったものの、決して料理が得意ではなく、市販のミールキットを作るのにも四苦八苦していました。しかも、娘の健康を考えると、味の濃さにも気を使わなければなりません。妻が週末に作り置きにチャレンジしたこともありましたが、育児と同時に行うことは無理だとわかりました。私の在外研究期間中は、1年ほど妻の両親に育児のサポートに来てもらい、幸いにして何とか乗り切ることができましたが、これもいつまでも続けるわけにはいきませんでした。これは、本当に大きな難問でした。

そこで、我が家が選んだのは、家事代行サービスを利用し、定期的にプロの方に夕食の作り置きをお願いするという方法です。

そのきっかけは、料理代行のマッチングサイトで、何気なく「幼児」と検索してみたことでした。

すると、そのサイトには幼児食の作り置きを提供する調理師が何人も登録されているということがわかったのです。そこで、さっそくその中の一人とコンタクトをとり、来ていただくことにしました。サービスの内容は、事前に送られてくるメニュー案に従って、こちらで材料を買い揃えておき、当日は調理師が15品程度の調理を行うというものです。このサービスを、2週間に一度のペースで利用することにしました。

これが結果として、大正解でした。娘は、夕食のメニューが突如として充実したことに大喜びし、すぐに大好物をいくつも発見しました。私も、娘に子ども向けの薄味の料理を毎日食べさせることができるようになり、安心して「夜の部」に臨むことができるようになりました。

家事と育児の外注

以上のような事情を知って、拍子抜けする方もおられるでしょう。私は決して、これまで多くの日本の女性が強いられてきたように、長時間の家事と育児を一人でこなしているわけではありません。適度に夫婦で役割分担をしながら、苦手なものは外注しているのです。

このような生活は、各種の公的な支援制度の助けがなくては、成り立ちません。今の日本では、ベビーシッターを利用するための支援制度が国と自治体の双方に存在しており、それらを活用すれば利用料金の自己負担をある程度軽減することが可能です。また、自治体によっては家事代行サービスの利用を支援している場合もあります。

最初のころ、こうしたサービスをどこまで利用するべきか、私たちには迷いがありました。育児や家事は、一時的に祖父母の助けを借りることはあっても、基本的には親が分担して行うべきものだと思っていたのです。それを外注してもよいのか、はっきりとはわかっていませんでした。

しかし、考えていくうちに、これは不思議なことだということに気がつきました。例えば、子どもを塾に通わせたり、習い事をさせたり、家庭教師が自宅に来たりすることについては、特に違和感はありません。そうだとすれば、なぜ子どもと遊び、夕食を作ることについては、外注することを躊躇していたのでしょうか。

その大きな部分は、自分の経験に由来していたのかもしれません。これまでの日本では、子どもにとって、自分の遊び相手や身の回りの世話といったケア労働は、「ママ」や「おばあちゃん」といった女性たちが無償で行ってくれるものでした。しかし、自分が育児をするようになってみて実感しましたが、これほどの重労働を必要とするサービスが無償で提供されてきたことの方が、実は驚くべきことだったのです。そう考えた時、家事と育児を外注することへの心理的なハードルは大きく下がりました。

研究者としての目標

しかし、なぜそこまで熱心に育児に取り組むのかという疑問もあるでしょう。それは、私にとって、娘と過ごす時間が、何物にも代えがたいからです。面白そうなことがあれば何にでも首を突っ込み、全力で取り組む娘の姿を見ると、心の底から喜びが湧いてきます。だからこそ、可能なものはなるべく外注し、ストレスを抱え込まずに、娘とさまざまな思い出を共有したいと考えているのです。

同時に、娘と向き合うことは、研究者としての自分を見つめ直す機会でもあります。何しろ、娘が次々に投げかけてくる疑問にきちんと答えるのは、本当に難しい。「日本って何?」「国王って誰?」「なんで公園のトイレは家のトイレよりも臭いの?」「なんでバスは乗せてくれるのにパトカーは乗せてくれないの?」。これらは全て、私が専門にしている政治学という学問の知見を使えば答えられる疑問であるはずなのですが、一つとして、娘が納得できるような答えを用意することができたことがありません。

こうした経験は、自分がまだまだ政治を、そして人間社会を、十分に理解できていないということを教えてくれます。だからこそ、いつの日か娘の疑問に、きちんと答えられるようになりたい。それが、今後の私の研究者としての目標です。

(2023年1月)

前田健太郎　まえだ・けんたろう
1980年生まれ。東京大学大学院法学政治学研究科教授。専門は政治学・行政学。2003年、東京大学文学部卒業。2011年、東京大学大学院法学政治学研究科博士課程修了。首都大学東京(現・東京都立大学)社会科学研究科准教授、東京大学大学院法学政治学研究科准教授を経て、2021年より現職。

研究者夫婦の常識的日常

小澤知己
東北大学

私も妻も研究者の、同業者夫婦です。私は物理で妻は生命科学と、分野は違いますが、ともに東北大学で働いています。子どもは2人、小学1年生の娘と、保育園に通う4歳の息子がいます。

生活の基本は家族との時間

まず、私の家の一日の流れをざっとご紹介します。

自分と妻が6時半に起きるのが、我が家の一日の始まりです。起床の時間は、娘が小学校に行くために8時前に家を出る必要があることから逆算して決まっています。朝食や子どもの着替えなどを用意しながら、7時までには子どもをベッドから連れてきて、文句を言う娘をなだめながら家族みんなで朝食をとります。8時までに準備を整えて、みんなで一緒に家を出ます。特別な事情がなければ、妻が娘の通学路を途中まで一緒に歩き、私は息子を保育園に連れて行きます。私も妻も、仙台の街中にある東北大学のキャンパスで仕事をしていますが、キャンパスに隣接する形で北側に小学校、西側に学童、南側に保育園があるので、家族全員、似たような場所で日中を過ごしています。娘が小学校

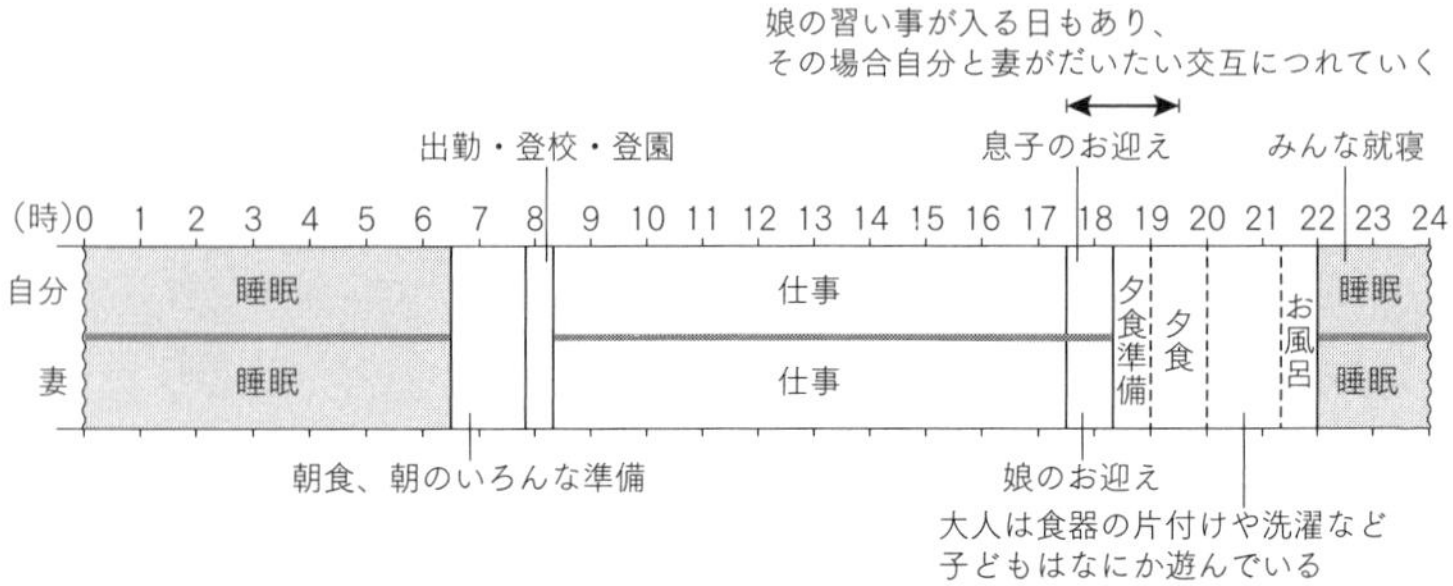

▲平日のスケジュール(例)。

に入る前は、娘と息子は同じ保育園に入れず、娘だけ遠いこども園に通っていましたが、小学校に入ってからは送迎がだいぶ楽になりました。

息子を保育園に連れて行った後、私が大学のオフィスに着くのがだいたい8時半くらいです。それから17時半くらいまで仕事をして、17時半すぎに、私は保育園に息子を迎えに行き、妻が学童に娘を迎えに行きます。場合によっては帰りに私が息子とスーパーに寄って食材を買ったり、妻が娘と商店街で買い物をしてきたりします。18時過ぎに帰宅して夕食を作り、みんなで食事をします。その後は大人はいろんな家事をやりつつ、子どもはYouTubeを見たりお絵描きをしたりして、お風呂に入ってから寝るのは22時前後になることが多いです。

以上が基本的な一日の流れです。生活の基本は子ども・家族との時間で、小学校・学童や保育園などで子どもが預けられている間だけ仕事(研究)をしています。週末や祝日も普通は仕事をしません。たまに子どもが寝ている真夜中に仕事をすることはありますが、子どもを寝かしつけるときにはたいてい自分も疲れ切っているので、そのまま寝てしまうことがほとんどです。ちなみに私は、いざというときは子どもが寝た後に仕事をするタイプですが、妻は早朝・夜明け前に起きて仕事をするタイプです。

「イタリア式」に至るまで

家族との時間を優先する生活スタイルは、私がこれまでに大学院生やポスドクとして接してきた指導教員に影響されている部分が大きいです。私は大学院時代をアメリカで、ポスドク時代を主にイタリアで、それぞれ5〜6年過ごしました。大学院時代の指導教員は(どういうわけだか)夕方3〜4時間しか大学に来ておらず、職場に長時間いるところは見たことがありません。ポスドク時代のボスは男性で、奥さんも別分野の研究者でしたが、私の在籍中にちょうど子どもが生まれました。奥さんのアメリカ出張に子どもと一緒についていくために、ボスは1カ月仕事を休むなど家庭・子育てが中心の生活スタイルになり、私はそれを間近で見ることができました。

イタリアのカナツェイでのハイキング中。娘は生後7カ月。この後で雨が降ってきましたが、車で通りかかった見知らぬイタリア人が、町まで送ってくれて助かりました。

私の娘はイタリアで生まれました。イタリアの産科では(当たり前なのですが)夫は妻と同様に育児に参加することが想定されていて、病室にはいつでも来ることができました。おむつの使い方や赤ちゃんの洗い方などは、出産後ぐったりしている妻よりも先に私が教わり、授乳室にも父親たちは自由に入ることができました。息子が日本で産まれたときに、夫である私は、病院の面会時間にしか妻と息子に会えない一面会者であることにはショックを受けました(新型コロナウイルスの流行前の話です)。日本での夫の育児参加には、出産直後から高いハードルがあると感じました。

休日に、たまに子どもと一緒にオフィスに来ることがあります。2人とも、黒板やホワイトボードでお絵描きするのが大好き。娘がこっそりパパへの手紙を書いてオフィスの机に置いておいたのを、月曜に出勤して見つけたことも。

イタリアでは、平日は夜19時ごろにはみな家に帰ってしまい、週末には誰もオフィスに来ません。それでもみな立派な研究成果を上げていたので、研究に重要なのは長時間労働よりも、人間としての生活の適度な充実なのだと思うようになりました。私は理論物理の研究をしていますが、研究はアイデア勝負です。人よりも2倍机に向かっていたからといって2倍のアイデアが生まれるわけではなく、むしろ長時間机に向かっていると逆に頭が硬直して、創造性が落ちることがあります。アイデアは意外と、子どもと遊んでいるときや風呂場で髪を洗っているときなど、全然研究と関係ないときに生まれます。私の博士論文の中心となった結果は、プールサイドで柔軟体操をしているときに思いつきました。

研究者夫婦の困りごと

さいわい、日本に帰ってきてからも「イタリア的」な仕事の仕方を続けることができています。私も妻もいわゆる裁量労働制で雇用されているので、仕事の時間はフレキシブルで、保育園からの急なお迎え要請にも対応しやすく、その点では、研究者は普通の会社勤めの方よりも、子育てに向いているのではないかとすら感じます。

ただし、夫婦で同じ地域の研究機関で仕事を探すことの難しさや、任期付きの仕事が続くことなど、研究者夫婦には数多くの問題があることも事実です。実際、原稿執筆時点で、私も妻もまだ任期なしの仕事にはつけておらず、数年後に仕事があるのかは不透明な中で子育てをしています。

子どもを預けている間だけ仕事をするスタイルで普段はほとんど問題ないのですが、不便を感じるのは夕方17時以降にセミナーなどが入るときで、子どものお迎えと重なるために、基本的に参加はできません。17時から22時ごろまでは一番忙しい時間帯です。この点はぜひ日本の研究業界の方には考慮していただきたいところで、「17時〜18時などの時間帯に会議・講演を企画することは、子育て世代の参加を排除することになっている」ということを知らない方は、学生を含めそれなりにいると感じます。(理論上は妻にお迎えを頼んで17時以降のセミナーに参加することもできますが、保育園でニコニコしながらパパにかけよってくる息子のお迎えよりも大事なセミナーがどれほどあるでしょうか。)

どうしても妻に面倒をお願いすることになるのが私の出張中で、子どもの世話を全て妻にまかせる必要があって、いつも申し訳なく思っています。もちろん妻の出張中は私が子どもの面倒を見ることになりますが、私の出張の方がずっと多いので、妻と子どもたちには迷惑をかけています。

研究者も人間です

「研究者といえば、四六時中研究のことだけを考えている仙人のような人種」というイメージは昔からあり、今でも、浮世離れした研究者の生態を面白おかしく書いた本を見かけることがあります。

しかし、実際の研究者には(当然ですが)人間としての生活がありますし、研究の仕事が他の仕事に比べて何か特別だというわけではありません。家庭をもつ私と同世代の研究者の多くは、ここで書いたように、子どもが保育園や学校に通っている間に仕事(研究)をするという、常識的な生活をしています。そういった実態が伝わらずに仙人やストイックな求道者のようなイメージが流布してきたのは、家庭をもち人間的な生活を送りたい人たちを研究から遠ざけることになり、研究業界にとっては悪影響が大きかったと思います。より多様な人たちに研究者としてのキャリアを考えてもらい、研究業界のさらなる発展へとつなげるために、研究者の人間的生活に関する正しいイメージが多くの方に伝わってほしいと切に願います。

(2023年1月)

小澤知己　おざわ・ともき

1983年生まれ。東北大学材料科学高等研究所教授。専門は物性理論、特に原子・分子・光物理と固体物理の境界領域の研究。2012年にアメリカのイリノイ大学アーバナ・シャンペーン校でPh.D.を取得後、イタリアのトレント大学での博士研究員や理化学研究所の上級研究員などを経て、本稿執筆時には現所属先のテニュアトラック准教授、2024年より現職。

助けられて、助けられて、とにかく続ける

神谷真子
東京工業大学

有機化学と生物学の融合研究領域であるケミカルバイオロジー研究を行っています。博士号を取得後、スイスでの研究留学を経て、大学教員としてのキャリアをスタートしました。現在、会社員の主人と保育園に通う2人の子どもと、毎日あわただしく過ごしています。

「両立」の理想と現実

子育てをしながらどのように研究と家庭を両立しているのですか？とよく聞かれます。保育園の送り迎えの時間に間に合うように効率的に仕事を進めて、子どもの世話をしながら家事もテキパキこなしています……と言いたいところですが、現実は理想とはほど遠く、正直なところ、研究にも育児にも満足に取り組めていないかもしれません。

でも結局、全てを完璧にこなすのは難しく、多少低空飛行になっても続けていくことが大事なのだと、子育てを通じて気づきました。そして、現在仕事を続けられているのも、月並みではありますが、パートナー・職場・家族の理解とサポートがあってこそだと、あらためて感じています。

ワンオペに苦悩

上の子が生まれたとき、主人は海外勤務中でした。出産予定日に合わせて一時帰国した主人を待っていたかのように生まれてきた親孝行な子どもとは、それから1年間、2人での生活でした。ありがたいことに、当時勤めていた東京大学には学内保育園が併設されており、産後2カ月から預けることができたので、早期に職場復帰することができました。とはいえ、初めての育児をしながらの研究生活は、想像以上に厳しいものでした。家に帰っても心が休まる暇がなく、また急な子どもの発熱への対応など全て一人でこなさなければなりません。それでも少しでも研究を進めたいと、無理をして頑張っていたところがありました。特に、アカデミアの研究は、ものすごい頭脳をもった先生方が、ものすごいエネルギーと時間を費やして取り組んでいる世界です。論文の執筆や書類仕事にしても、ある程度まとまった時間がないと、考えがまとまらず、よい文章が書けません。

また、私の専門分野の研究は、有機合成・分光評価・細胞培養といった手を動かす実験が主です。さらに当時は、現在のように在宅勤務が普及した環境ではなかったため、研究を進めるには大学の研究室への出勤が必要でした。朝は寝不足のまま子どもを保育園に送り、大学のキャンパスを歩きながら頭を切り替えて研究室へ。最近は自分自身で実験を進めることは少なくなっていますが、ラボメンバーの〝生〟の実験結果や実験状況をリアルタイムに把握して、一緒に解決策や次の一手を考えていくには、対面でのコミュニケーションが欠かせません。また安全性の観点からも、研究室にある程度の時間在室する必要がありました。夕方、子どもを保育園に迎えに行った後もまた研究室に戻り、子どもを抱っこしながら、実験結果についてディスカッションしたり、一緒にセミナーに出たりしたこともありました。

それでも、当然ですが、出産前と比較すると集中できる研究時間を確保することは難しく、また最新の論文の閲読や投稿論文の執筆も滞りがちになります。このままでよいのだろうか、特に、一緒に研究を進めてくれているラボメンバーには申し訳ないなと思う気持ちがつのりました。

「母親はあなたしかいないのだから」

そんなとき、当時の上司から、「大学院生は20歳を超えた大人なので、あなたは研究プロジェクトの方向性と指針を伝えればよく、細かいところは他の先生や周りの助けを借りればよい。子どもの母親はあなたしかいないのだから、今は育児を優先しなさい」と言葉をかけていただきました。心がとても楽になったのを覚えています。このころから、一人で抱え込まず、周囲の助けも借りて、今できる範囲でベストを尽くそうと思えるようになりました。

週末や出張期間は、実家、義実家、そして義姉にも子どもを預かってもらいました。一度、お引き受けした重要な書類仕事が、どうしても締切に間に合わなくなりそうになったときには、信頼できる友人宅に、育児書と一緒に子どもを預けたこともありました。週末はよく一緒に研究室にも行かせてもらいました。電気ケトルをお借りして、哺乳瓶、ミルク、おむつのストック、おもちゃを置かせてもらい、子どもが寝ている隙に仕事を進め、休憩時間にはラボメンバーに遊んでもらうこともありました。そのおかげかわかりませんが、上の子は人見知りの少ない子に成長しています。

このように、周囲に支えられ、特に研究室の上司や同僚が寛大にご配慮くださり、またラボメンバーも独立心をもって研究に取り組んでくれたおかげで、プロジェクトを無事に進めることができました。また、幼い子どもの成長は目を見張るものがあり、毎日を新鮮なものに変えてくれます。そこからも元気と勇気をもらいながら、研究を続けることができました。

2人目、そして独立

それから数年後、2人目を出産したときはコロナ禍でした。ニューノーマルと言われる中、子育て環境も大きく変わりました。人との接触が制限され、周囲に頼りづらくなり、また今後どうなるか、将来を見通せない時期もありました。そのような中でも、コロナ対策を講じて子どもを預かってくださった保育園の関係者の方々には感謝の念に堪えません。

2人目の出産から半年後、東京工業大学に異動して独立することになりました。このタイミングでの異動と独立は無謀なのではないかと思いましたが、「自分が受けてきた恩を返していくフェーズに入ったのではないか」と思い至り、家族からも背中を押され、異動・独立を決めました。着任して1年が経ち、ようやく研究室が回り始めたところです。これも、無茶苦茶な決断に理解を示し、サポートしてくれている家族、一緒に研究を進めてくれている研究室の仲間たち、支援してくださっている学内外の先生方のおかげだと思っています。

ちなみにコロナ禍では、働き方についてもよい変化がありました。例えば、会議や学会にオンラインで参加できるようになり、育児中の研究者にとっては助かることも多かったと思います。特に、遠方への出張となると、その期間の子どもの世話をどうするか（パートナーが一人でみるのか、実家に預けるのか、出張に連れていくのか）、またその準備も大変です。子どもが発熱して急遽在宅勤務になったときでも、オンラインでしたら参加できます。対面での会議や学会は、フランクな情報交換ができたり、新しいネットワークを形成できたりするので、やはり意義は大きいですが、今後もオンラインでの参加の可能性も残していただけたらと思います。

★

このように書くと、研究者の出産・育児って大変そうだな……と、若い方にしり込みさせてしまうかもしれません。私も出産前は、やはり出産・育児の大変さに関する情報が、周りから多く入ってきました。しかし、もちろん大変なことは多くありますが、得られるものはそれ以上にあるように感じます。さらに、他の方の文章にもありますように、今は男性も積極的に育児に参加する時代です。私の周りでも、保育園の送り迎えをするお父さんが半分近くいるように思います。もし同居がかなえば、パートナーと育児をシェアすることも可能です。

私の場合には幸運にも周囲に恵まれ、多くの助けを借りて研究を続けることができました。家族からは大きなエネルギーと励ましをもらっています。育児中の研究者が、男女を問わず周囲から十分な理解を得られ、やりたいことを諦めずに続けられる社会になっていくことを祈っています。

（2023年6月）

神谷真子　かみや・まこ

１９８０年生まれ。東京工業大学生命理工学院・教授。専門はケミカルバイオロジー。２００８年に東京大学大学院薬学系研究科で博士号を取得後、スイス連邦工科大学で博士研究員、東京大学大学院医学系研究科助教・講師・准教授を経て、２０２２年より現職。

おさるのジョージと黄色い帽子のおじさんのような生活

別所-上原学
名古屋大学[1]

私は現在、名古屋大学に勤めている生物学分野の研究者です。ホタルをはじめ、ウミホタルや深海のサンゴまでさまざまな光る生き物が「なぜ」「どのような仕組みで」光っているのか、そしてその進化の謎を明らかにするための研究をしています。

現在は2人の子どもに恵まれ、子育てと研究の両立に奔走しながら日々を過ごしています。妻も生物系の研究者で、現在は仙台にある東北大学で、植物の形態形成メカニズムと、昆虫の介入によるその操作という、いわゆる生物間相互作用の研究を行っています。乳離れの終わっていない2歳の娘は妻と、5歳の息子は私と、それぞれ別々に生活しています。

★

どの家庭もそれぞれ大変な思いをしながら子育てと仕事をこなしているかと思います。私たち家族の場合、2020年に夫婦の双方がポスドクを終え、アメリカから帰国した直後にCOVID-19のパンデミックが始まりました。私自身も、任期付き特任助教として着任早々、work from home での研究を余儀なくされました。特に息子(当時3歳)の場合、日本語が全くできない状態で[2]、日本の保育園という文化も大きく異なる新しい環境に入れられ、さらには母親と離れ離れに暮らさなくてはいけないということで、相当なストレスだったと思います。アカデミアの世界では、夫婦ともに研究者の場合は一緒に暮らせないのが普通(改善の余地ありです!)とはいえ、その大人の都合を否応なしに押しつけられている息子が不憫でなりません。そのため、息子ができるだけ安心して過ごせるように、一緒にいる間は文字通りべったりくっついて、甘えさせてあげるよう心がけていました。

こう書くと、私がワンオペ育児をしているように思われるかもしれません。しかし、ちょうど昨年度で定年を迎えた両親に子育てを手伝ってもらっているので、少なくとも平日の多くは研究にも打ち込める状況になっています。一方で、沖縄出身の妻は身寄りのない仙台で一人、育児と研究の両立をしているので、本当に頭が上がりません。

★

コロナ禍の当初は、感染源から離れてのびのび遊べるようにと、父の田舎に滞在していました。息子が非常に田舎を気に入ったため、いまでも隔週で田舎を訪れています。さながら都会と田舎を行ったり来たりする、おさるのジョージと黄色い帽子のおじさんのような生活です。

休日に保育園のお友達と遊ぶということがほとんどないため、社交性が育っているか不安なところもありますが、畑を一緒に耕したり、土の中の動物(ダンゴムシやシロアリ、ヤスデ、トビムシなど)を見つけて「かわいいねー」と飼育したりすることは、息子にとって非常によい経験だと思っています。海に行けば、打ち上げられたクラゲを種同定して、「ミズクラゲやオワンクラゲは触っていいけど、アカクラゲは触ったら刺されるよ」、川に行けば、ゲンジボタルを捕まえて、「腹部に発光器が2列

(節)あるのがオスで、１本しかないのがメスだよ」というように、マニアックなことを教えたりもしています。

子どもの興味のままに図鑑や絵本を読み漁っていると、意外と研究に使えるアイディアももらえたりするので、楽しみながら一緒に(時には息子以上に？)新しいことを覚えています。特に図鑑はとても勉強になります。生物の研究をしているとはいえ、陸にも海にも、知らない生物がまだまだいることを図鑑は教えてくれます。メソポタミアやエジプトの古代文明、恐竜や化石、太陽や宇宙などの知識も、子どもがいなければ知り得なかったものです。また、異分野交流の際に、これまでは聞き流していたようなトピックについても、「子どもに話したら喜ぶかもしれない」という下心があると、以前よりも積極的に聞くことができるようになった、という気持ちの変化もあります。

このように書くと、熱心な教育パパなのではと思われるかもしれませんが、基本、ビール片手に子どもと遊ぶくらいの気持ちで休日を過ごしています。乳幼児は善悪の区別なく好奇心に従って行動するのだから、危険がない限り、興味のままにさせたらいいという方針です。

たとえば、息子が２歳のころ、哺乳瓶の乳首を床に押しつけると中からミルクが出てくることを発見したとき、面白がってテーブルから床までミルクを垂れこぼしていました。そんなときでも慌てずに、「子どもの創造的瞬間を邪魔して泣かれながら１００mLのミルクを拭くのも、飲みかけのビールをゆっくり飲み干してから２００mLのミルクを拭くのもたいして手間は変わらない」と考えて、大人の余裕をもって後者を採用し、「床がミルクの海みたいになったね！」とクリエイティビティを育みながら、飲みかけのペールエールを最後まで飲み切ることで、やりかけたことを最後までやり通す姿

哺乳瓶からミルクが出てくる仕組みの解明の瞬間(古い iPhone で撮ったせいか、酔っ払っていたのか、慌てていたのか、だいぶピントがぼやけています)。

勢を見せるように努めています(写真)。

最近は、息子が祖父母になれてきてくれたおかげで、週に3日は寝かしつけまで任せられる日ができました。そういった日は学生時代のように深夜まで研究することもでき、そこで研究の遅れを取り戻そうとしています。その代わり、朝はできるだけ子どものわがままを聞いてあげるように心がけています。研究者は裁量労働制なので、自分の裁量で勤務時間をコントロールできます。朝は多少、遅くなったとしても、その分夜遅くまで研究をすればいいのです。一緒に過ごす時間だけは、ピリピリせずに子どもとの会話を楽しむようにしています。

★

田舎に行かない週末は、金曜日の夜から妻のいる仙台に連れて行きます。名古屋から仙台まで新幹線が通っているとはいえ、片道合計5時間の移動は子どもには大変そうです。2週間ぶりに会うと、子どもたちが喜んで大はしゃぎするのは嬉しいのですが、妻と夫婦でゆっくり話す時間がとれません。夜、子どもたちを寝かしつけた後にゆっくり話そうと思っていても、気がついたら二人とも力尽きていて、子どもたちと一緒に寝てしまうことがほとんどです。家族揃って一緒に暮らせるようになりたいといつも話しています。

先日、息子が「将来、海賊になる!」と言っていたので理由を尋ねると、「宝物を見つけてお金持ちになる。そして、ダディーとマミーと妹が一緒に暮らせるお家を建てるんだ」と教えてくれました。

心優しい息子のためにも、家族揃って暮らせるように、就職活動を頑張っています。

★

最後に、私たちの生活のちょっと変わった工夫を紹介したいと思います。日本でも普及し始めたSlackアプリ。主に研究室や企業のチームなどで使われているかもしれませんが、私たちも夫婦の間でSlackを使っています。週末にどちらが帰るかなどを決める#travelチャンネルや、オンラインの研究セミナーを聞きながら裏でチャットするのに使う#seminarチャンネル、本稿の添削にも使われた#添削チャンネルなどなど、話題によっていくつものチャンネルを使い分けています。

また、Slackに実装されているいろいろな機能を使えるようになるととても便利です。たとえば、私は毎週月曜日に"I love you!"と(Slack botのリマインダー機能を通して)伝え、お互いを思う気持ちをリマインドしてもらっています。家庭内Slack、導入を検討してみてもいいかもしれませんよ。

(2023年2月)

＊1　原稿執筆当時。現所属は東北大学。

＊2　アメリカで生活していた時は、息子は現地の保育園に通い、また家庭でも息子には英語で話しかけていたため、英語は少しずつ話せるようになってきていましたが、日本語は聞き取ることも話すこともできない状態でした。乳幼児に二つの言語を使用すると、言語の習得が遅くなるらしいと聞いたので、英語一本でコミュニケーションをとろうとしていました。

別所-上原学　べっしょ-うえはら・まなぶ

1989年生まれ。東北大学学際科学フロンティア研究所助教、生命科学研究科兼務。専門は発光生物学。2017年に名古屋大学でPh.D.を取得後、同大学で研究員。同年に育児のため主夫となる(研究員として勤務開始初年度であったため、育児休業制度の利用対象外)。同年、中部大学で研究員として復職したのち、米国カリフォルニア州モントレー湾水族館研究所でのポスドクフェロー研究員をへて、執筆当時は名古屋大学高等研究院YLC特任助教(理学研究科生命理学専攻兼務)、2024年より現職。趣味は発光生物の発光写真の撮影。

3歳児の「親」になって

——激変した生活と研究

標葉隆馬
大阪大学

科学社会学と科学技術政策を研究しています。特に複数の先端生命科学の領域を中心に、科学技術の倫理的・法的・社会的課題(ELSI)の分析と科学技術政策の研究をしています。現在、パートナーと息子の3人暮らしです。

2020年7月、私たちの生活は一変しました。年明けからの新型コロナウィルス感染症(COVID-19)、今の所属先への移動、しかしなによりも「子ども」の登場の影響がより大きいものでした。3歳の男の子との生活の開始は、これまでの研究生活を一変させるものでした。その変化と現在の生活、そして研究活動への影響などへの所感を書いてみたいと思います。

3歳児の「親」になる

私たち夫婦は「特別養子縁組」[*1]を経て、元気な男の子の親になりました。

息子に乳児院で初めて出会ったのは2020年の1月のことで、息子は当時2歳6カ月でした。同年の7月後半に一緒に暮らし始め、実際に特別養子縁組の審判が家庭裁判所で結審されたのは翌年12

月のことです。その間は養子縁組里親（養子縁組が裁判所で成立する前の、養子縁組を前提とした里親）として一緒に暮らしながら、初めての育児に右往左往する日々でした。

基本的に、育児におけるほとんどの苦労や困難は、他のご家庭と同じだと思います。ただ違いがあるとすれば、このような（私たちの場合は3歳男子の）育児が急に始まること、しかも当初は保育園に預けることなどができず、また育児休業（育休）の制度などからもこぼれ落ちてしまう可能性があることだと思います。

例えば、児童相談所を経由するタイプの特別養子縁組では、先述の「養子縁組里親」になるために、「長期外泊」という期間があります。この長期外泊の間は、保育園などに子どもを預けることは禁じられており、「育休」がのどから手が出るほど欲しいタイミングです。しかし、この時点ではただの「同居人」の扱いになるため、大学の育休制度の中では対象外となってしまいます。私たちの場合は、最終的に、有給休暇やコロナ禍でのリモートワーク状況をフル活用して無理矢理乗り切りましたが、労働に関する裁量の小さい職業では、正直難しかったのではないかと思います。

長期外泊期間の後で「養子縁組里親」になれば、子が3歳未満の場合、私たちの大学でも育休がとれたはずですが、私たちが里親になった時点で、息子は3歳をちょうど超えていました。そのため、今度は育休取得の年齢制限に引っかかってしまったのです。このように、（少なくとも大学における）育休をめぐる制度は、養子縁組を基本的に想定していないこと、これは今の大きな問題意識につながっています。Diversity & Inclusion（D & I）の推進において、より多様な家族のあり方を踏まえた制度設計を期待してやみません。[*2]

紙幅の都合上、特別養子縁組のプロセスなどについて、これ以上の詳細は省くことにさせてください。私のパートナーの標葉《しねは》靖子《せいこ》が note に記事として書いているので、そちらをご覧いただければと思います。*3

夜型生活の終焉——ある典型的な一日

ここで、平均的な一日の流れを書き出してみたいと思います。

私がそもそも何のために研究者になったのかといえば、まさしく「寝起きが比較的自由そう」に尽きるのであり、元はといえば完全に夜型人間でした。しかし、そのような生活もあえなく終焉を迎え、すっかり子ども中心の生活リズムになります。

朝ごはんを食べさせ、着替えをして保育園に一緒に行く。夕方には保育園に迎えに行き、夕飯を作って一緒に食べる。お風呂に入って、髪を乾かし、お薬を飲ませて、歯磨きとあわただしく夜の時間が過ぎていく。そして最後の難関「寝かしつけ」。何故、君はそんなにも元気なのか。何故、君は倒れるときは前のめりなのか。何故、君は眠ったと思ったら私と直角の体勢になるのか。毎日が不思議とエキサイティングと体力勝負にあふれすぎている……。

仕事は子どもが保育園に行っている間、そして眠った後にもします。データの分析、論文や書籍の執筆・編集、文献読み、各種の管理・調整の仕事、研究プロジェクトのメンバーや外部協力者などとの打合せ（現在は会議や打合せの多くはオンライン化されたものの、日に平均すると4〜5つくらいでしょうか）、申請書の執筆、各種のフェローや専門家としての仕事、学会関係の仕事、査読、各種のイベントや講

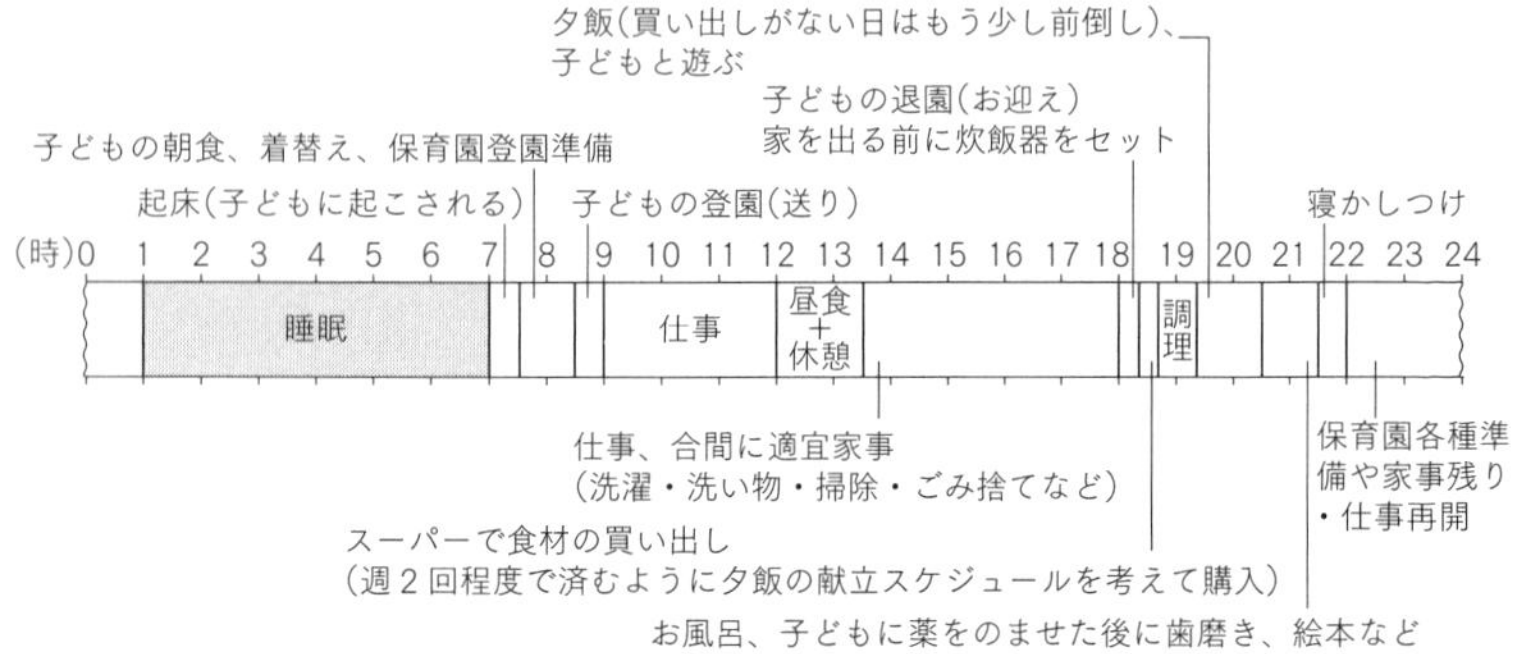

▲平日のスケジュール(例)。ただし、子どもの寝かしつけの際、3回に1回はそのまま一緒に寝てしまう。

演の準備などを順次こなしていきます。[*4] いつまでたっても宿題が減らないどころか、増えていく一方です。

すんなり「兼業主夫」になる

家事については結婚当初から、私が主担当として行っています。結婚が決まった時、パートナーは博士取得後に民間企業に就職して活躍していた一方、私は博士課程の学生で行先も特に決まっていなかったため、その時点で基本的に私がやることを想定していました。そもそも大学入学以前から家事は相当程度やっていたこともあり、家事分担がそのような形になることに、特に違和感はなかったのです。その後、偶然ですが、運よく最初の就職先である総合研究大学院大学にポジションが決まり、「兼業主夫」生活が始まりました。

家事などに関する分担は、今も変わっていません。特に現在、パートナーは私立大学で教鞭をとっているため、担当する講義のコマ数も多く、またプロジェクト型講義のため準備にも時間がかかります。そして学内の業務や会議での時間的拘束も厳しく、私よりも時間的な自由度が小さい状況があります。一方で、私の今の勤務先は、教育の比重が小さく、リモートワークも承認され、また研究分野も実験系などではないことから、相対的に時間に融通が利きやすいのです。

しかし、家をあけなければならないタイミングもやはりたびたび出てきます。現在はリモートワークが基本とはいえ定期的に自分の研究室に行く必要はもちろんありますし、国内外の出張も増えてきました。その間、パートナーはワンオペになってしまいます(そして困ったことに、その回数は少なくありません)。ワンオペは本当に大変すぎます……そこでせめて夕飯の作り置きをしたり、なるべく洗濯物やごみ捨てなどは済ませておくなどして、少しでもパートナーの負担が小さくなるように準備をしてから行くようにしています。それでも、ワンオペの負担が大きいことは言うまでもありません。

仕事のしかたを変えていく

息子と生活するようになり、宵っ張り作業の常習犯だったかつてと比較すれば、仕事に投じていた時間や思考や体力のリソースは確実に減少しました。まったくもって客観的でない、主観的な感覚でいえば、日常の時間や体力などのエフォートで研究に投入できる量が半分弱くらいになった気がします(単純な時間だけでなく、子どものためにとにかく体力を残しておくようになったといった変化が大きいように感じます)。

かつての「何でもあり」で時間と体力を研究や仕事に存分につぎ込める生活が変わっていくことに、焦燥感がなかったと言えば嘘になります。しかし、「子ども」を目の前にすると、「子どもが中心」の生活に変化することを躊躇する気はまったく起きません。下手をしたらこの子の生死にかかわるという意識が勝るのです。

このような中で、仕事のしかたも変えていくことを模索する必要が出てきました。特にこの3年間はちょうど複数の外部資金プロジェクトを並行して運営する時期と重なり、PI[*5]として若手の研究者を雇用・育成しながら（本稿執筆時点で特任助教・特任研究員が計4人、リサーチアシスタントを2人）プロジェクトを拡大していくチャレンジの時期でした。そこでは参加メンバーの次のキャリアやポジションにつながるようにプロジェクトを実施し、成果につなげていく必要があります。プレッシャーもそれなりにはあります。

しかしながら、プロジェクトメンバーのキャリアも待ったなしですが、目の前の子どもも「待ったなし」です。そこでプロジェクトメンバーに、こちらの（家庭も含めた）事情やスケジュール、仕事やプロジェクトの状況、予算や周辺環境の諸々、その他の諸々の手札も課題も、（秘密保持契約などに関わらない限りは）すべて晒して共有しています。そして、参加しているメンバーの専門性と得意な研究スタイルを勘案しながら、アウトプットにつなげていくためのディスカッションを繰り返し、新しいプロジェクトの展開とキャリアの可能性を一緒に模索するためのできる限りのコミュニケーションをとっています（いまだに明快な解はなく、試行錯誤を繰り返していますが……）。

「特別養子縁組」と私の研究

長々と書いてきましたが、息子との出会いと生活は、私の研究に大きく影響しています。それは仕事に投入する時間や方法の変化というだけに留まらず、新しい研究テーマの萌芽まで与えてくれました。

例えば、「特別養子縁組」という経験を実際にしたからこそ見えてきたテーマがたくさんあります。私とパートナーは、その実、不妊治療や生殖補助医療などは一切受けていません。私たち夫婦そろっていわゆる「血縁」といったものへのこだわりが全くなかったため、養子を迎え入れることについても、単純に子どもを授かるルートが違うという程度にしか考えていませんでした。*6 そして一緒に生活する中で、その考えは間違っていなかったと、日々確信を新たにしています(うちの子めっちゃかわいい!)。

しかし、どうやら養子縁組をするカップルにおいて、このような(不妊治療を一切していない)パターンは珍しいことらしいのです。不妊治療を経て、「最後の手段」の一つとして養子縁組を選択するパターンが多いようです。この点を筆者の研究テーマから見ると、例えば生殖補助医療の進展と、特別養子縁組という社会的制度の間には、無視できない関係があるように見えます。

生殖補助医療の進展が、不妊治療を行うカップルにとって大きなベネフィットをもたらすものであることは全く否定しません(そしてそれは良いことなのだと思います)。しかし、自身の経験を踏まえると、その技術の進展は、「特別養子縁組」を希望する「親」の数の引き下げにも影響するかもしれない、とも思えます。もちろん、特別養子縁組は不妊治療を受けている人たちだけの選択肢ではなく(またそこに生じる問題もその人たちの責任ではありません)、より広い人たちの当たり前の選択肢になってほしいものです。しかしながら、この3年間の経験は、生殖補助医療の発展がその実このような影響も含みうるということに気づくきっかけとなりました。

実際に特別養子縁組の対象になる子どもたちにとっては、家庭養育となるか否かは、その後の人生の選択肢に大きく影響します。例えば、最近の厚生労働省の資料[*7]によると、令和3年度末に高校を卒業した児童養護施設出身の子ども(児童養護施設児)について、大学等への進学率は22・6パーセント、就職が53・8パーセントとなっています。同じ時の統計で、高卒者全体では、大学等進学が56・1パーセント、就職は15・6パーセントです。この統計は毎年とられており、施設出身者の進学率が年々改善されている状況が確認できますが、依然として進学等においては不利な状況があることは歴然としています。

ここで急いで付け加えなければなりませんが、このような施設出身者(そして特別養子縁組の対象になりうる子どもたち)のキャリアパス上の不利そのものは、もちろん生殖補助医療のせいではありません。広く福祉政策の不足がその発端にあります。しかしながら、そのような福祉政策の構造的欠陥と、生殖補助医療の進展が組み合わさることが、特定の層の人々の人生に思わぬ影響を与えてしまうかもしれない……「この生活」を通じて、この可能性を初めて意識しました。息子は、社会科学者として気づいていなかった、あるいは体感できていなかった社会構造的な課題の可能性に気づかせてくれたのです。

★

息子との出会いは、私の人生を一変させました。無限とも思えるようなバイタリティで容赦なく精力的に活動する子どもと真正面から向き合う生活は、とにかく体力的には大変で疲れます。加齢にともない、以前のようには体も動かなくなり、時間もなく、責任も増える一方で、仕事も溜まっていく。日常をこなすだけで精一杯。正直言って、こんなにしんどいこともない。

しかし、それ以上にこんなに素敵で尊い出会いはない。こんなに楽しいこともない。少なくとも現状において、私はこの人生に大変満足しています。最後に一言、やばいうちの子めっちゃかわいい!!

（２０２３年８月）

＊1　子どもの福祉の増進のため、養子となる子の実親(生みの親)との法的な親子関係を解消し、実の子と同じ親子関係を結ぶ制度。「里親制度」と似ているが、里親制度ではあくまで生みの親が法律上の親であり、里親(育ての親)と子に法的な親子関係はない、といった違いがある。縁組成立のためには、養親となる者が養子となる子を６カ月以上監護していることが必要であり、その監護状況などを考慮して、家庭裁判所が縁組の成立を決定する。

＊2　改正育児・介護休業法が２０１７年１月１日に施行されており、これによって育児休業の対象に「特別養子縁組の監護期間中の子、養子縁組里親に委託されている子等」も追加された。しかし、このあたりに雇用側の制度が追いついていない場合があるということである。

＊3　https://note.com/ishihara_shineha

＊4　現在の所属先では教育業務はあまりないが、平均すると非常勤講義や集中講義で年に３～４コマ相当分を実施する感じになっている。

＊5　Principal Investigator(研究室主宰者)

＊6　特別養子縁組や里親の制度は、第一義は「子どもの福祉のため」であることは強調しておく必要がある。ただし現状では、特別養子縁組の場合、依然として「法律婚」が前提となっている。里親制度に関しては、ＬＧＢＴなど性的マイノリティのカップルの間でも受け入れが可能だが、現状では、実際の委託実績数は少ない。［毎日新聞２０２２年５月10日「子どもを育てたい」同性カップルに「里親」という道　https://mainichi.jp/articles/20220509/k00/00m/100/067000c］

＊7　厚生労働省「社会的養育の推進に向けて」(令和５年４月５日)https://www.cfa.go.jp/assets/contents/node/basic_page/field_ref_resources/8aba23f3-abb8-4f95-8202-f0fd487fbe16/e979bd1e/20230401_policies_shakaiteki-yougo_67.pdf

標葉隆馬　しねは・りゅうま
1982年生まれ。大阪大学社会技術共創研究センター准教授。専門は科学社会学、科学技術政策論。京都大学農学部応用生命科学科卒業、2011年同大大学院生命科学研究科博士課程修了。博士(生命科学)。総合研究大学院大学先導科学研究科「科学と社会」分野助教、成城大学文芸学部マスコミュニケーション学科准教授などを経て、2020年より現職。

海外で4人の子育てをしながら研究をするということ

中野亮平
マックスプランク植物育種学研究所[*1]

ドイツで植物と常在微生物の相互作用の研究をしています。2013年にドイツに来て、双子を含む4人の子どもを授かりました。もう10年近くドイツに滞在していますが、いまだにドイツ語はしゃべれません。時折語学学校に通いながら家のことをこなしてくれる妻と一緒に子どもたちの世話をしつつ、次のポジションを得るために、必死に毎日根っこをほじくり返して研究しています。

恒常的な突発的事案と終わりを知らない家庭内輪廻

「海外でPIしながら4人も子育てして、どうやって生活と仕事を両立しているの？」というのはよく聞かれる質問ですが、過去9年間、特に双子(第三子と第四子)が生まれて育児が倍になった2020年以降、「両立している」という感覚を覚えたことがありません。実際のところなにをどうやっても全てがちゃんと回ることはあり得ないので、仕事と家庭と、家事と育児と、いろいろと優先順位をつけながら、諦める部分は諦めつつ、なんとか毎日生きているというような感じです。イレギュラーがレギュラーであるような世界線では、その優先順位リストも時々刻々と変わっていき

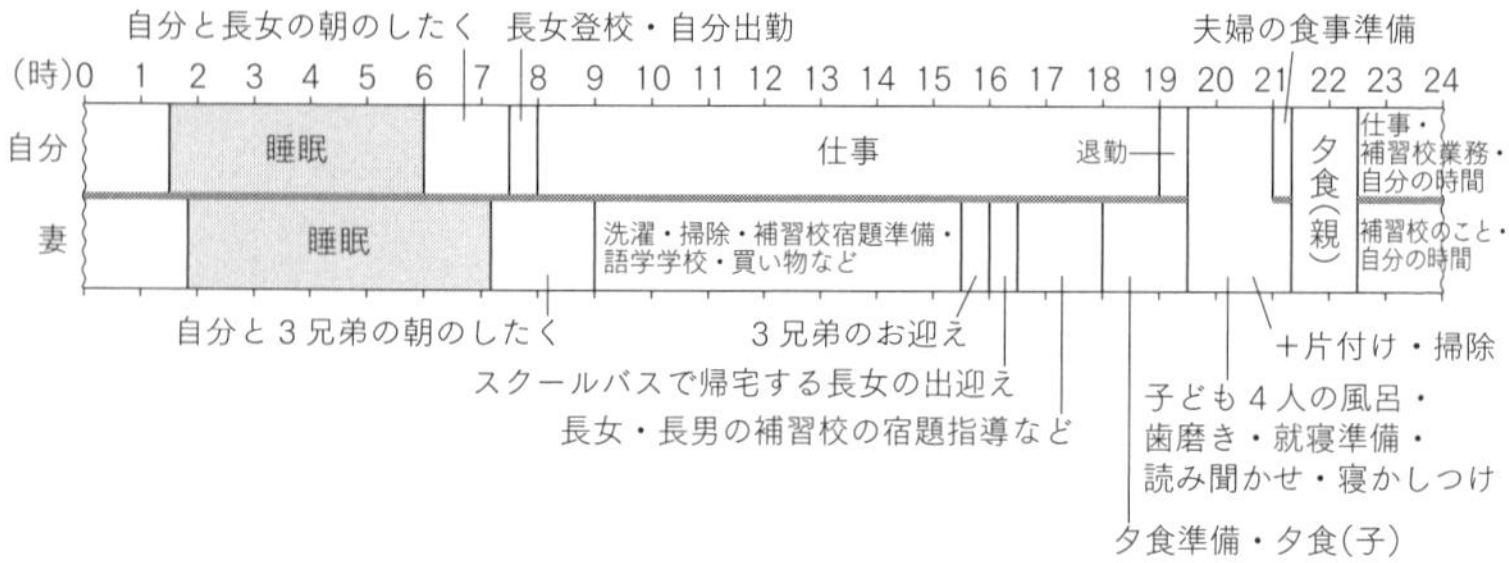

▲平日(通常の日)のスケジュール例。

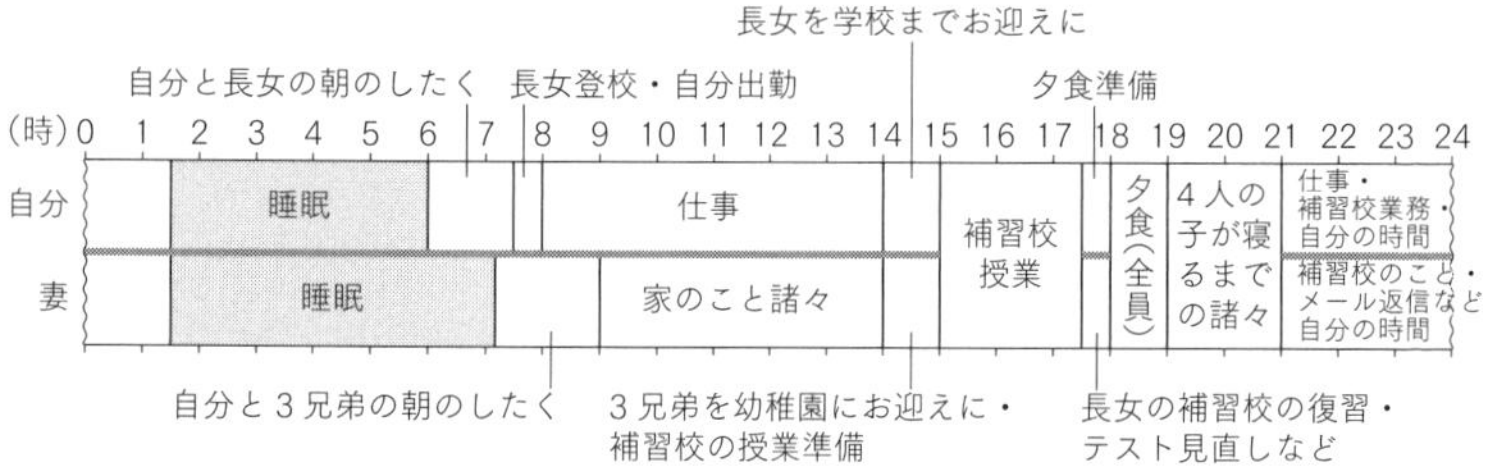

▲平日(補習校がある日)のスケジュール例。

ます。「明日やろうはバカやろう」なんて言葉もありますが、我が家は「今日とか明日とかもうわからん！　目の前のやらねばならんことをやれ、さすればきっとそのうち明日が来る！」です。

　本稿のご依頼をいただいた際、「平均的な一日のスケジュールを教えてほしい」と言われたのですが、毎日がイレギュラーすぎて、もはや何が平均的かわからなくなっています。幼児期の子ども(特に未就学児や幼稚園児)というものは自由自在に突発的に体調を崩すものであり、また小児科・眼科・耳鼻科・歯科での検診、幼稚園や学校でのイベントや保護者会に面談、というものが頻繁に投げ込まれます。ドイツの場合はそれに、突発的なストライキによる休園、コロナ禍においてはクラスター発生による休校や、人員不足による保育時間の短縮などが加わります。想像してみてください、それが4人分ランダムに押し寄せてくる惨状を。今日は双子の検診、翌週は長男の歯医者、翌々週は長女の面談が入って一段落かと思えば今度は長男が熱、2週間かけて体調不良の家庭内輪廻をようやく脱したところで訪れた幼稚園のイベントが終わってやっと一息つこうと思ったらあれまた双子の検診だなんてウソでしょ？　という具合です。

我が家は、家庭のことは基本的には妻がほとんどやってくれていて、本当に幸いにも基本的には仕事を最優先させていただいているのですが、それでも4人の子どもが各地で同時発生的に保護者を必要とし、また車を動かせるのは実質自分だけという状況では、夫婦でいろいろと分担する必要があり、必然的に高頻度で仕事を空ける必要がでてきます。ほとんどの場合は数時間で用が足りるので、一度出勤したあと帰宅してタスクをこなし、その後再度出勤するなどして、なんとか一日の勤務時間を確保するようにしています。毎週のようになんらかのイレギュラーなイベントが入るため安定した一週間のスケジュールを組みづらく、それが実験の進め方に大きく影響はしていますが、悲鳴を上げたところで予定は着々と迫ってくるので、なんとか粛々と順番にこなしながら空いた時間にうまく実験を組み込んでいく、というのが、だいたいの日々の生活となっています。

効率を追い求める研究生活は吉か凶か

研究者という職業はよくも悪くも、時間の使い方が比較的自由です。また、ドイツという国はファミリーファーストという概念が社会に根づいていて、家族（特に子ども）の用事であれば、職場を空けたりミーティングを欠席したりすることにも理解があります。例えば、子どもの日本語補習校[*2]のために、毎週火曜の午後早めに退勤して家族の世話をしたりしていても、誰も文句は言いません（私の研究の遅れは私にしか迷惑がかからないから誰も興味がない、とも言えます）。雇用主に対しても、ちゃんと成果をあげさえすれば、基本的には特に問題にはなりません。なんとか家庭をまわせているのはそういった環境があるおかげ、というのは間違いないと感じています。

近所の動物公園（Tierpark）にて。動物園と違って無料で開放されていて、ヤギやウシ、さまざまな鳥などの動物に自由に餌（自販機で買える）をあげたり触れ合ったりできる。左から4番目は私。

しかし逆にいうと、それだけ自由に家庭にコミットできる反面、気づいたら家庭のことしかしてなくて最近全然仕事してないじゃん、という状況に陥りがちなところもあります。我が家は妻の方からアレもやってくれコレもやってくれと頼まれることはほとんどなく、基本的に自分の判断で時間を割り振りしているのですが、自ら望んで家庭にコミットした結果、仕事量が減って追い込まれ、全然データが取れない、このままでは次の職がないぞ、となり、焦って「チョットシバラクキエマス、ゴメンナサイ」と言い残して家庭を放置して夜遅くまで馬車馬のように実験して遅れを取り戻し、どうにかなったところで埋め合わせにしっかり家庭にコミットし直してまた仕事量が減り、という輪廻の繰り返しです。もっと仕事と家庭と両方に無理のない範囲で、うまく安定してやれないものかと日々自問していますが、これればかりは本当に難しく、これからもこの調子で、家庭に迷惑をかけながら、どうにかこうにか職をつなげられるギリギリのところでやっていくしかないのだろうと諦観しています。

こういう生活を長く続けていると、学生時代と比べて仕事の効率を明確に意識するようになりました。学生時代であれば「あっそうだアレやろう」と思いつきで自由に実験を仕込むこともできますが、家族がいるとそう簡単にはいきません。「この日に細菌接種しよう！　あぁでもそのためには週末に細菌培養しないといけないな……じゃあこの日に培養すればこの日に接種できるな！　あぁでもそれじゃ観察の日が娘の面談と重なっちゃう……」という具合です。つまり実験を仕込めるチャンスが日程的に極めて限られているので、無駄な実験でそのチャンスをドブに捨てるわけにはいかないのです。実際のところはこれまでさんざんドブに捨ててきたわけですが、それを繰り返すうちに、「この実験は本当に必要なのか？」「イマじゃなきゃダメなのか？」などと実験前に自問し、効率よく最短距離で目標達成を目指す癖はついてきたように思います(あくまで目指すだけ)。さらにこの経験は、限られた時間でレポートを書いたり学位を取得しないといけない学生さんを指導させていただく立場になって、いろいろと活きてきているなと感じたりもします。

ただし、これは逆に言うと、いわゆる「Friday afternoon experiment(本筋では大事ではない興味本位の実験で、そこから新しいアイディアや知見が生まれることも多い)」をやりづらいということでもあるので、効率を重視することは必ずしもよいことばかりではないのですが……。

家庭と研究、結局自分は何を望むのか

職場での仕事量が如実に成果に表れがちな実験生物学の世界では、同世代の仲間たちが、まさに使える限りの時間を使って実験して成果をあげていく姿をみると、底知れぬ不安に苛まれることはあり

最近、上の２人が週１回、夕方のサッカーレッスンを始めた。おかげでさらに労働時間が削られたが、子どもに交じって身体を動かすので健康にはいいし、ストレス発散にもなるので楽しんでいる。

ます。もし家族がいなかったらもっと成果をあげて、もっとよいポジションに、もっと早くつけていたのではないか、などという突拍子もない考えが頭をよぎることもあります。しかし結局のところ、家庭をもつ、家事育児にコミットする、というのは自分自身が望んで選んだことであり、自分自身がもっともハッピーになれるものを選んだ結果です。

そもそも振り返れば、これだけ研究に邁進できるのは間違いなく家族の支えがあるからであり（物理的にも精神的にも）、家族がいるからこそのモチベーションであり、家族がいるからこそのリフレッシュであり、家族がいるからこその幸せです。子どもの成長をしっかりみて、彼らの毎日の些細な喜びを一緒に喜んで、字が上手くなった、サッカーが上手くなった、計算ができるようになった、漢字をたくさん覚えた、ドイツ語がパパより上手だ、パパの好きなサッカーチーム（FCケルン）を一緒に好きになった、大きい子用の遊具でひとりで遊べるようになった、そんな瞬間を目と心に刻んでいけること以上に、何を望めばいいのでしょうか。「家庭にコミットせずに研究に没頭する」という思想は自分には向いていないなと思いますし、別に家族をとことん大事にしたっていいじゃん、と最近、ようやく開き直ってこれたような気がします。

★

「子育てと研究の両立」はなぜか「女性研究者」の文脈で取り上げられることがほとんどですが、本来、家庭にコミットするかどうかにジェンダーは関係ありません。実際、「ちょっと子どものお迎えがあるので」と早めに帰宅する男性研究者もたくさんいらっしゃいます。しかし日本には、男性がそういうことを言うと非常に驚かれたり、過剰に褒められたりする現状がまだまだあるようで、それにはとても違和感を覚えます(ドイツではそういう反応は珍しい)。「奥さんに頼めないの?」という心ない言葉をかけられることすらあると聞いています。私自身、ドイツに住んでいなかったら、ここまで家庭にコミットできているかはわかりませんし、そう遠くない将来に帰国することになったらどうなるか、まだまだ不安なところもあります。

私ひとりでは社会を変えるには無力ですが、本稿が、同じように家庭にコミットしている、あるいはしたいと思っている男性研究者のみなさんの背中を少しでも支えることができれば、あるいは「あぁ仲間がいた」と心の筋肉を少しだけ緩めてあげることができれば幸いです。

(2022年12月)

＊1　原稿執筆当時。現所属は北海道大学。
＊2　全日制の日本人学校とは異なり、現地校に通う在外日本人のために、週1回程度、日本語で国語を中心とした授業をおこなう学校。基本的に保護者の代表者によるボランティアで運営されている。筆者の家庭では長女(小3クラス)と長男(年長クラス)が週1回、午後の早い時間から通っている。

中野亮平　なかの・りょうへい

1984年アメリカ生まれ、東京育ち。北海道大学大学院理学研究院教授。専門は植物微生物相互作用、植物分子細胞生物学。京都大学大学院理学研究科博士後期課程修了、博士(理学)。2013年よりマックスプランク植物育種学研究所博士研究員(2015年までは日本学術振興会海外特別研究員)、原稿執筆時は同独立研究員、2023年より現職。2021年より日本学術振興会男女共同参画推進アドバイザー、2022年より海外日本人研究者ネットワーク(UJA)理事、2024年より北海道大学DEI推進本部兼務教員。

シングルファザーから時差同居生活へ

吉田紅
ペリメター理論物理研究所

カナダのペリメター理論物理研究所で、量子情報や量子重力の研究をしています。娘が2歳のころから6歳になるまではシングルファザーとして、カナダで娘と2人で暮らしていました。現在は、妻(パートナー)と娘&息子の4人で暮らしています。

不夜城

我が家には24時間明かりが灯っています。妻はカナダに住みながら、日本の会社にリモート勤務しています。妻の仕事時間はカナダ時間で夜9時から朝4時で、生活時間がかなりずれています。仕事部屋に太陽光のように輝くランプを設置したりと、いろいろな対策をしています。私は、朝は6時過ぎに起きて研究をしたり論文を読んだり、小説を読んだり漫画を読んだり。7時半から8時半は娘&息子の学校の準備でカオスです。そして、娘を小学校に、息子を保育園に車で送り届けます。

妻は昼過ぎに起きるようで、娘を小学校に迎えに行ってくれます。私は、子どもの習い事の有無にもよりますが、5時くらいまで研究所か自宅で仕事をしてから息子を保育園に迎えに行きます。です

▲平日のスケジュール(例)。

がカナダはDo It Yourselfの国で、家のメンテナンスや庭仕事などに時間を取られ、9時～5時で働ける日は週2くらいです。帰宅後は、夕食を作って家族そろって食べて、息子と一緒に10時前に就寝します。皆が寝静まった後、妻がキッチンの片付けと洗濯をしてくれます。

8歳の娘はピアノを習っており、大きな国際コンクールで入賞するような腕前です。妻は毎日3時間以上ピアノ練習に付き合っており、コンクール前は夕食後もずっと練習で、家中が張り詰めた空気になります。我が家のスケジュールは、娘のピアノにかなり左右されています。今年1月には、スイスまでコンクールに行きました。週末にはトロントまで、1時間半かけてレッスンに行きます。

ちなみに学業の方ですが、小学校では宿題が出たことが一度もありません。大丈夫なんでしょうかね。ただ、「毎日1冊本を読む」という自主参加型のプログラムに入っていて、時には１００ページ近い本を持って帰ってきます。

一番大変なのは週末です。妻は土日も昼まで寝ているので、子ども2人の相手をしつつ、ランチの用意まで終わらせる必要があります。効率的に時間厳守で生活を回そうと苦心した時期もありましたが、子どもたちに寛容になれないだけだと気づきました。今は、臨機応変に対応できるよう、いざという時に踏み込めるよう、余裕を残すようにしています。海外暮らしも15年になるのですが、いまだに新しい挑戦ばかりです。

研究所のこと

私の所属するペリメター研究所は、20年ほど前に世界各国から理論物理学者を引き抜いてできた、カナダの威信をかけたような研究機関です。市民から愛されていて、ここの教授だと言うと、みんなとても応援してくれて嬉しいです。政府や個人の寄付など、潤沢な研究資金でサポートされており、毎週のようにさまざまな分野の研究者が訪問してきて、学会や研究会などもたくさん開かれています。過去にはトルドー首相も訪問されました。家族がいるので出張できないのですが、出張しなくてもまあ済みます。もちろん、できるなら出張したいですが。

私は、名目上は量子情報グループを総括する立場なのですが、優秀な大学院生やポスドクが来てくれるので、彼・彼女らと議論しながら楽しく研究をしています。近い分野の同僚たちは同世代が多くて、皆とてもユニークな研究をしています。刺激を受けるというよりは、むしろ背筋が伸びるような思いすらします。創造的な仕事をしたいと思わせるような環境です。

授業義務が免除されているので時間的な余裕があり、研究に専念したり、家族での時間を確保したりすることができています。また、カナダが多様性を受け入れ、移民や子どもに優しい国であ

研究所の黒板に落書きをする息子(右)。左は娘。

研究所のプレイエリアにあるオモチャで遊ぶ息子。

るということもあり、子育てにはとてもよい環境だと感じています。ちなみに3歳の息子は、自分のことをプリンセスだと主張しており、帰宅するとまずは髪飾りとスカートを装着します。さすがカナダ育ちだなあ、と感じます。

加えて、研究所はファミリーフレンドリーです。毎週木曜日にはファミリーナイトというビュッフェ形式のディナーがあり、季節にちなんだイベント(ハロウィン、イースターエッグハントから、インドのホーリー祭まで)が開催されることもあります。動物園から出張で小さな動物たち(鳥、ヘビ、ウサギなど)がやってきたこともありました。また、研究所内にはいつでも誰でも自由に使えるラウンジがあり、そこには子どものためのおもちゃがたくさん置いてあるので、プレイエリアとして使えます。子どもたちは、研究所内を探検したり黒板に絵を描いたりするのが楽しいようで、大雪のため外で遊べない日などは研究所で遊んだりします。

研究所の男性教員にも、子育てに積極的な人が多くいます。これは、イクメンとかいうレベルの話ではなくて、貢献率が50パーセントを大きく上回っているケースも多いです(ほぼ100パーセントの人も0パーセントの人もいますが)。同時に、女性に要求される責任も50パーセントなのだと感じます。日本だと男性がやるであろう力仕事だってなんだって、女性も当然のようにこなしています。

昔の話

妻と私はともに、MIT（マサチューセッツ工科大学）で博士号を取りました。その後、私はCaltech（カリフォルニア工科大学）でのポスドクを経て、現在のペリメター研究所へ。妻は、NASA（アメリカ航空宇宙局）で研究をしたりしつつ、最終的には東京で就職、遠距離のまま娘が東京で生まれました。私は、娘の初期子育てにはほとんど関与していません。ところが妻が、勤めていた会社の東京支社からニューヨーク本社に転勤することになり、当時2歳になったばかりの娘をどうしようかという話になりました。ニューヨークでシングルマザーとして子育てをするのは不安がありましたし、当時の妻は投資銀行勤務で、仕事は強度の高いものでした。一方で、研究者は時間的な融通も利くだろうということで、なし崩し的に、私が娘をシングルファザーとして育てるということに。

3年半ほどそんな生活で、文化も言語も違う国ですし、子育て初体験なので大変でした。けれど、娘と2人で過ごした日々はかけがえのない思い出です。もともと料理は好きでしたし、家事・子育てなどはすぐにできるようになりました。ただ、「絶対にミスをしてはいけない」というのは想像以上のプレッシャーでした。2人だけの生活で、バックアップが何もないですから。

シングルファザーをしているという話を日本ですると、「かわいそうだ」とか、「ちゃんと面倒を見られているのか」といった、ネガティブな反応ばかりでした。一方カナダでは、「本当にすごいね！」というポジティブな反応ばかりです。もちろん、いわゆるママ友の輪には入れないですし、男性が主となって育児をするにはバリアがあると感じます。それでも、カナダではゲイカップルの家族とかも珍しくないですし、「変わった形態」の家族に対する偏見はあまり感じませんでした。

そんなわけで、娘と2人で楽しく暮らしていたのですが、3年ほど経った時に東京で息子が生まれ、それと同時にコロナ禍が始まりました。すると妻は、「コロナ禍で心配だし、カナダからリモートで働こうかな」と言い出しました。そして、カナダ側での渡航制限が解除されたタイミングで、妻と息子がカナダに合流したのです。

といっても、最初は短期滞在の予定でしたし、妻の勤務体系やビザなど山のように問題があって、落ち着いて家族4人でカナダに腰を据えたのはもっと後です。コロナ禍がなければ今も離れて暮らしていたと思うので、人生何がどう転ぶのかわかりません。

これからのこと

妻はキャリアを日本国内で築いていますが、私は北米がメインです。今後もそれが変わることはないでしょう。そして両親が仕事を大事にしているのと同様に、娘はピアニストという、おそらく理論物理学者以上に競争の激しいキャリアを進みたいようです。3歳になったばかりの息子(プリンセス)にどんな才能があって何をしたいのか、全く想像もつきませんが、4人のエゴが混ざり合うわけですから、これはもう事態はややこしくなる一方だなと思います。

カナダは気候が夏と冬で全く違うので、生活パターンの見直しもしょっちゅうです。せっかく構築した効率的な生活パターンも、娘のコンクールや、息子の急な風邪や発熱が簡単に破壊していきます。それでも、子どもたちや妻がどんな景色を見せてくれるのか、私は彼・彼女らにどんな景色を見せてあげられるのか、それが楽しみです。

（2023年9月）

吉田紅　よしだ・べに
ペリメーター理論物理研究所シニアファカルティー。専門は量子情報と量子重力理論。マサチューセッツ工科大学でPh.D.を取得後、カリフォルニア工科大学でフェロー研究員、ペリメーター理論物理研究所ジュニアファカルティーを経て現職。

ゆっくり急げ
——みんなで遠くまで行こう

小町守
一橋大学

私は、大学の教員として、人工知能分野の研究をしています。妻は看護師として働き始めてから大学院に進学し、博士号を取得して看護大学の教員として働いていましたが、現在は臨床に戻って看護師をしています。8歳(小学2年生)と3歳の娘がいます。

学校から帰ったら親がいる風景

最近の我が家の一日の流れをスケジュール表にまとめました。主に妻が上の子対応、私が下の子対応で分担しています。

妻はエッセンシャルワーカーで出勤しないと仕事ができない反面、私は授業がなければ在宅でもできる仕事が多いため、出勤しないといけない用事をまとめて、あとは可能な限り在宅勤務にしています。表に記したのは出勤する場合のスケジュールです。在宅勤務の場合は出勤・退勤の時間が各10分で、浮いた時間に家事+仕事をしています。在宅勤務の日は合間合間に家事ができるので、いい気分転換になっています(少し休憩がてら、近所のコンビニまで行く余裕もあります)。その代わり、大学に出勤

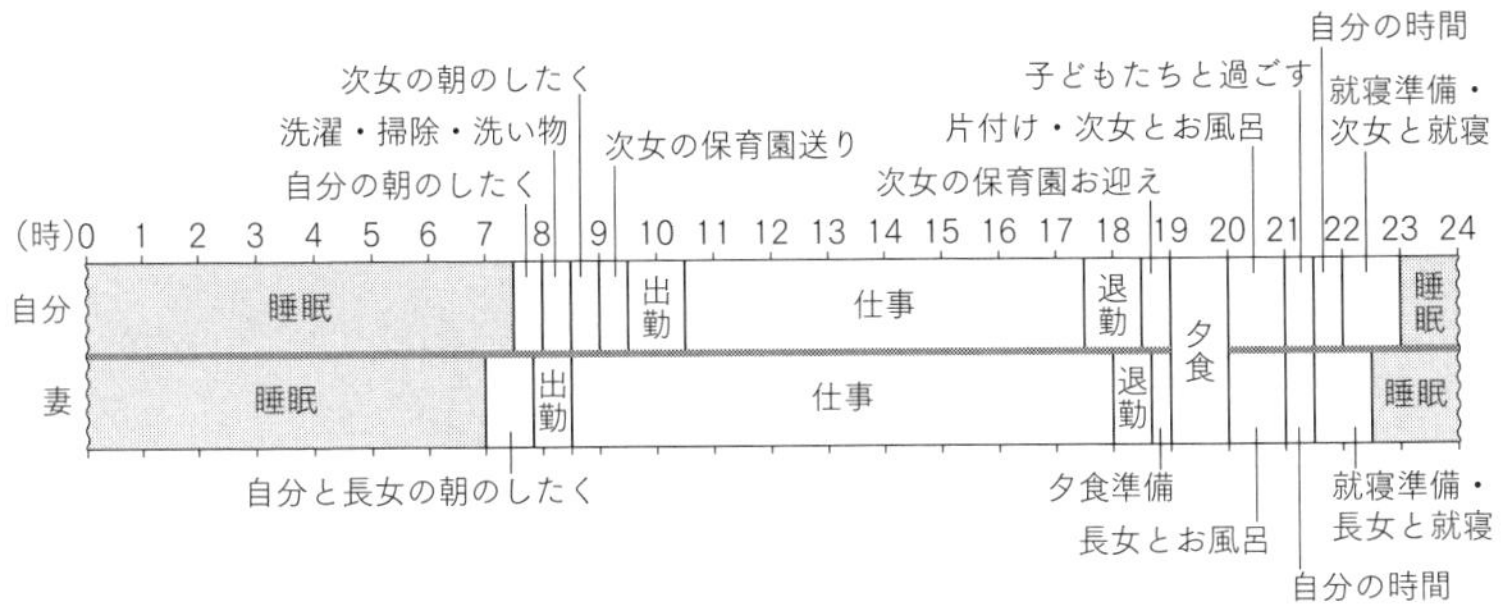

▲平日のスケジュール(例)。

した場合はほぼ分刻みのスケジュールで、お昼ご飯はおろかトイレに行く時間も何時間もとれない、ということもよくあります。

私と兄が小学生のころは、学校から帰宅したら専業主婦をしていた母がいて、私たち兄弟は外に遊びに行って他の子たちと遊んだり、ゴロゴロ夕方のドラマを見たりしていました。今は、私が在宅勤務のときは、上の子は学童に行かずに小学校から帰宅して、友だちと外で遊んだり、寝っ転がってYouTubeを見たり、Switchで遊んだりしています。子どもとそういう時間がとれるのは、親としては幸せなことだったんだなと、親になって初めてわかりました。

「同志」との共同戦線

私たち夫婦は、共同戦線を張る同志のようです。私がまず妻の扶養に入って博士号を先に取得し、次に妻が私の扶養に入って博士号を取得し、そしてお互い(昨今では珍しくない)任期付きの教員を行ったり来たりしつつ、お互いを支え合っています。

育児に関しては、若いうちに子どもを産み、子どもが育ってから仕事を増やすか、あるいは逆に若いときは研究に集中し、仕事が安定してから子どもを産むか、というのは悩ましいところですが、私たち夫婦は、

上の子と沖縄に行って泳いだときの写真。私はド近眼ですが、ICL(眼内コンタクトレンズ)手術を受け、メガネなしで泳げるようになりました。一緒に泳いでくれる期間は短いので、子どもと泳ぎたい人はお早めに！

後者を選択しました。出会ったのはお互いが修士2年のころでしたが、初めての子どもができたのは35歳を過ぎてからです。若いときにお互いやりたかったことは十分やったので、学会に行けなくてつらいとか、論文を書く時間がなくてしんどいとか、そういう不満はなく、育児を楽しむ余裕があるのはよかったと思います。

上の子が生まれるまでは、論文や研究費の申請書の投稿締切前や、初めての授業の前には、準備で徹夜も辞さないような感じで、週60時間働いたりもしていましたが、上の子が生まれてからは生活が一変しました。

母乳のみで子育てすると夜中の育児を母親がすることになるので、我が家では最初から母乳とミルクの混合です。夜は2交替制で、自分は夜9時に就寝し、妻は夜0時までのミルク担当、夜0時以降朝6時までのミルクは自分担当、という分担にし、お互い6時間の睡眠は確保する、というチームワークが1歳まで続きました。

こうして1人目でだいぶ慣れたため、5歳差で生まれた2人目の子育ては、始まる前は「つよくてニューゲーム」[*1]のようになると思っていました。しかし、上の子のときは午前3時のミルクで起きたあと、静かな環境で仕事をする体力がありましたが、下の子のときは自分も40歳を超えており、午前3時のミルクのあとは朝まで2人でスヤァ……といつの間にか意識を失っていて、体力の衰えを感じました。

小学校に入るまでは上の子はパパっ子で、妻が保育園に連れて行こうとしても「パパがいい！」と言って聞かず、毎日私と一緒に寝ていたのですが、小学校に入る前後で父離れし、今は妻と一緒に寝ています。妻が上の子と一緒にお風呂に入っているときや、ベッドの中に入ってから、今日学校や学童であった話をしてくるそうですが、同性の親でないと話せないことがあって、「パパは解決策は教えてくれるけど、話を聞いて共感したりはしてくれない」などと言っているそうです。だんだん「手を離せ、目を離すな」そして「目を離せ、心を離すな」のフェーズになっています。

今は下の子がパパっ子になっていて、毎日何度も「パパ大好き」と言ってくれるのは嬉しいのですが、一方で、「ママきらい」と言われてもグッと我慢してくれる妻にも感謝しています。ありがとう。この子もあと数年したらママっ子になるよ。

情報系こそリモートに

下の子が生まれた直後にコロナ禍になり、そこで一気に、在宅勤務を主とした現在の働き方にシフトしました。それまでも、育児のための在宅勤務を認めていただいてはいたのですが、コロナ前は、会議やミーティング、授業も含めてオンラインでいい、とまでは社会的に許容されていなかったのです。裁量労働制なので、勤務時間に関しては裁量があるのですが、勤務地については裁量がなく、コロナ前は月に1回、在宅勤務の予定表を提出して、「自宅への出張命令」を出して許可してもらっていました。

コロナ禍によって、世の中全体としてオンライン化が進みましたが、そもそも情報科学分野はリモートワークを支える技術を作っている側なので、授業や委員会・教授会はことごとくオンライン化されました(情報系では"Eat your own dog food."という表現があり、自分で作る技術は自分で使わないとダメだよ、という共通認識があります)。下の子を抱っこしながらオンライン授業をしていて、非常勤で教えていた津田塾大学の学生から「かわいい」と言われたのはいい思い出です。

現在は授業こそ対面になりましたが、情報系は実験をするにしても、機器に日夜張りついていたりする必要もないため、先述のようにリモートワークは継続しています。こうした働き方が可能なせいか、情報系ではハードに育児をしている父親が多いと思います(この分野にいるとむしろそれが普通なのですが、小学校の授業参観やPTA、学童の保護者会などに行くと父親は自分1人だったりして、世間とのギャップに気づくことになります)。

研究会や学会の全国大会、国際会議は、オンラインのみの開催を経て、2022年度からはオンラインと対面のハイブリッド開催がデフォルトになってきました。オンラインのみ、あるいは対面のみと比べると、ハイブリッド開催は運営側にも、発表側にも、ものすごく負担が大きいですが(これは授業も同様です)、参加する側にとっては、オンラインの恩恵はやはり大きいものです。聴講にかかるハードルが大幅に下がり、育児中でも、都合のつく時間帯は参加できるようになりました。今後も継続してほしいなと思います。あとは雑談的なコミュニケーションをオンラインでどう実現できるかが、情報科学分野としての課題かと思います。

みんなで遠くまで行こう

子どもが生まれてから、家事および育児の時間が生活時間の大半を占めるようになり、大学での仕事については「限られた時間帯に、限られた時間でやらないといけない」という制約ができました。そんな中で、教育や研究をいかに回すかというのは頭の痛い問題ですが、これには大学の制度にとても助けられてきました。

前職の東京都立大学（都立大）ではゼロから研究室を立ち上げ、1年目の学生数は5人、2年目の学生数は10人（上の子がここで生まれます）、3年目の学生数は20人と倍々に増え、最終的には30人を超える大所帯になりましたが、研究室の専任スタッフは一貫して私だけです。限られた時間しかない自分だけでみるのは無理なので、学生同士でサポートし合える環境を作ろうと、最初は試行錯誤してきました。そして最終的には、修士1年生の学生が学部4年生（卒研生）の基礎勉強会のチューターをし、修士2年生の学生が卒研生の研究のメンターをする（この体制で教育を受けた学生は、先輩からしてもらったことを後輩に返す）、という体制を確立しました。

都立大の日野キャンパスに下の子を連れていった日の写真。この日は保育園に連れていけない、という日は、職場にときどき子どもを連れていったりしていました。研究室の学生たちや秘書さんに加え、職員の方々や生協の方々にもかわいがっていただきました。

このような環境をサポートしてくれたのは、都立大の育児支援制度です。都立大で妊娠、出産、育児、介護にたずさわる研究者は、性別にかかわらず、研究や教育を支援するスタッフ（RA[*2]、臨時職員、TA[*3]のいずれか）を雇用する費用について、半期あたり50万円までの支援が受けられます(2023年3月現在)。先述のような、研究室の修士の学生から卒研生への指導にはRAとしての給与を支給するほか、授業の教育補助はその授業を受けた学生が(TAとして)、そして研究室の中の研究補助業務は臨時職員が行うという体制を作り上げることができました。支援の期間が過ぎたあとは、研究室の運営費から同額以上を出して、その後も継続しました。育児に関する制度で母親だけを支援しても、母親が育児をするものだというステレオタイプから逃れられませんが、父親の仕事の負担を軽減することで、父親も育児や家事に参加しやすくなるでしょう。他の大学や企業でも、同様の制度が整備されるといいなと思います。

このようにして、研究室ではお互い助け合うような環境を作ることができましたが、もちろんこうした環境には向き不向きがあります。入ってから「これは違った」とならないように、授業では私のスケジュールや育児、研究室のスタイルについても雑談でよく話すようにし、他大学からの受験希望者には、「図書館で一人で勉強するのが好きだというなら他の大学に行ってほしい」と伝えるようにしてきました。

もっとも、これは諸刃の剣で、研究室の環境が安定する反面、大きな可能性を失うことにもなります。飛び抜けて優秀な学生が、大学院から私の研究室に来たいといっても、他大学を勧めることが多く、心残りもありました。しかし、そうした学生が進学先で大活躍するのを見ると、無理しなくてよかったなと思うのでした。

「早く行きたければ一人で行け。遠くまで行きたければみんなで行け」というアフリカの諺があるそうです。下の子が生まれて身の回りが一段落するタイミングで、一橋大学にソーシャル・データサイエンス学部を新設するという話があり、この春から心機一転、新たな環境に飛び込むことになりました。育児も教育も、時間はかかるかもしれませんが、道草しながら、のんびり遠くまで行けたら素敵だなと思っています。

（２０２３年５月）

*1　ロールプレイングゲームにおいて、クリアした際のキャラクターのレベルなどが次のゲームで帳消しにならず、また引き継げるというシステム。今風に言えば「パパスキル0だった俺が最強のパパとして転生した件」みたいな感じかも。

*2　リサーチ・アシスタント。専門性が要求される研究業務をおこなう。

*3　ティーチング・アシスタント。教育に関わる補助業務をおこなう。

小町守　こまち・まもる

１９７８年生まれ。専門は自然言語処理・計算言語学。東京大学教養学部基礎科学科科学史・科学哲学分科卒。２０１０年奈良先端科学技術大学院大学 情報科学研究科博士後期課程修了、博士(工学)。同大学助教を経て、２０１３年から首都大学東京(現東京都立大学)准教授。同大学教授を経て、２０２３年より一橋大学大学院ソーシャル・データサイエンス研究科教授。２０２３〜２０２４年、ケンブリッジ大学客員研究員。

やれるところまでやってみる
――綱渡りをつづけて

榊原恵子
立教大学

生物系の研究者で、植物の進化を研究しています。夫は他県で大学教員をしています。現在の職を得たのは、子どもが生まれた年でした。着任と同時に産休に入り、産休明けから子連れ単身赴任生活を開始して、現在も、保育園年長の子どもとの二人暮らしです。

家事はスリムに

子どもとの一日は、おおむね図の通りです。夕方に会議のある日や学生実験の担当の日は、延長保育を利用することもあります(図下)。

子どもが0歳の時に腱鞘炎を患ったこともあり、家事については簡略化・スリム化を目指しました。乾燥機付きの洗濯機にして、これで洗える服で生活をします。食器洗浄機を導入し、これで洗えるもので、食事作りや食事をすませています。

食事作りにまとまった時間を割けるのは、週末です。週末のうちにまとめて炊飯し、保管しておきます。保存容器と解凍条件がよければ炊き立てのようだし、子どもに急に「おにぎり!」と言われて

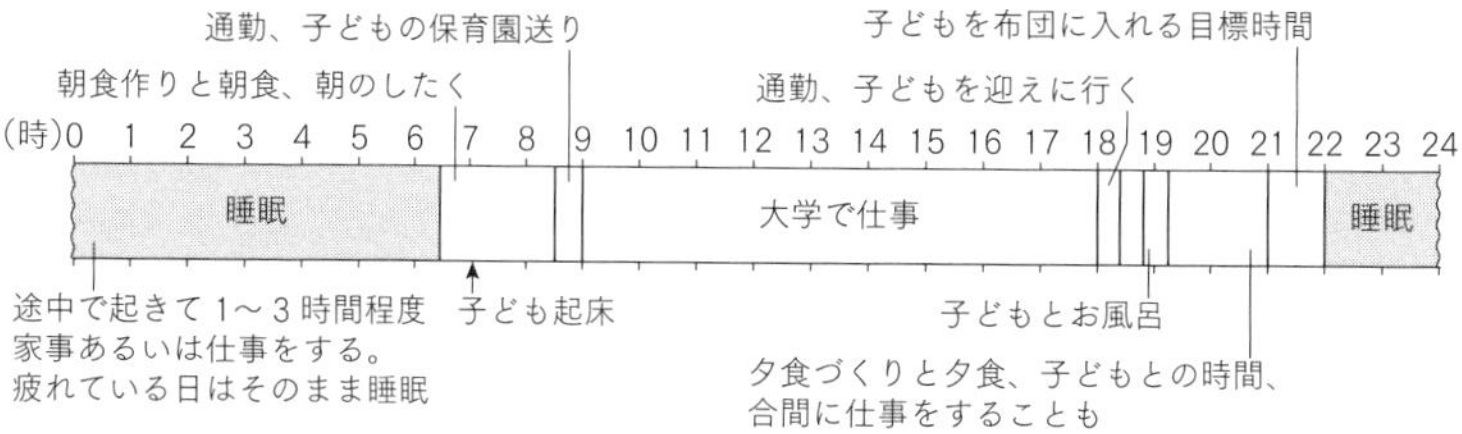

▲平日のスケジュール例(通常営業の日)。

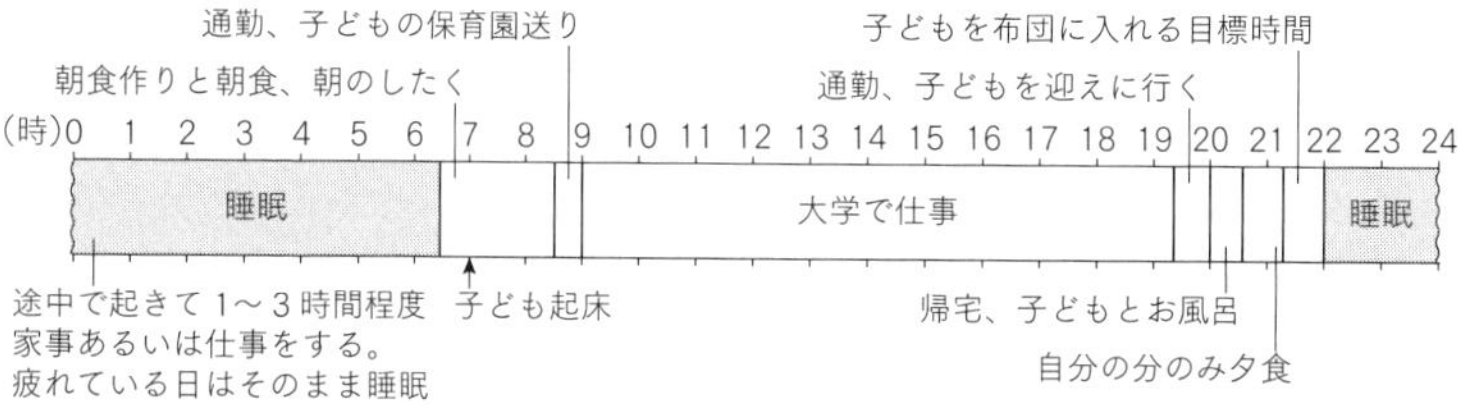

▲平日のスケジュール例(夕方に会議のある日や、学生実験の担当の日)。延長保育を利用するため、子どもの夕食は園で提供される。

もすぐ出せます。また、週末や時間のある時に、圧力鍋や電子レンジを活用して食材を加工し、仕事が忙しい時や料理したくない時のために、ちょっと手をかければ食べられるストックとして常備しておきます。最近は便利な時短調理器具や時短レシピがいろいろあるので、活用します。

家に帰ったら角煮がある！とか、朝起きたらパンが焼けている！という食の楽しみは、QOLに直結するので大事にしています。最初は子どもが寝静まってからでないと家事ができませんでしたが、最近は子どもにつきっきりでいなくてもよくなり、子どもが家事を手伝ってくれることもあるので、ワンオペ育児からシェアハウス生活へと変化していくのを感じます。

就活中に妊娠、そのとき

学位取得以降、現職につくまでは任期つきの職についていたため、2〜3年ごとに別の土地に職を得ては引っ越すという生活を継続してきました。パーマネント(任期なし)職へも応募していましたが、決まらず、現職が初めて採用されたパーマネント職です。

現職への応募中に、妊娠がわかりました。採用された場合、出産後、すぐに夫と別居することになります。子どもと二人で新しい土地や職場でやっていけるのか、迷いはありました。

ただ、当時の自分は高齢出産の年齢に差し掛かっており、妊娠の継続と出産もリスクが高いと感じていましたし、パーマネント職を得るチャンスはめったにないものであることも実感していました。職を諦めて、妊娠が継続できなかった場合、自分の人生には何も残らないかもしれない。ならば、やれるところまでやってみようと思いました。そうして採用に至り、現在まで勤務しています。

以前、出産経験のある女性研究者にこの話をしたところ、「妊娠中に就活してもいいんですか?」と聞かれたことがあります。これと似た経験は過去にもありました。私は、2013年に数カ月間、末期がんだった父の看病のため、介護休業を取得したことがあるのですが、当時の職の任期はその翌年に切れる予定だったので、介護当時もやはり求職活動をしていました。するとやはり周囲から、「お父さんを看病しなくてはならないときに、仕事が決まったらどうするの?」と言われたのです。

介護や育児の担い手として期待されることの多い私たち女性研究者は、いったい、いつ就職活動をすればよいのでしょうか。求職とライフイベントが重なってしまった場合、仕事を諦めた方がよいのでしょうか。生活の保証も、キャリアの継続の保証もないのに。

多くの女性研究者が、周囲の意見や迷いから、仕事を諦めているのかもしれません。今、自分より若い人にアドバイスを求められたとするなら、「就きたい職があったら、応募してみたらいい。後のことは、家族や周囲と一緒に考えて解決していけばいい」と伝えるような気がします。家族の問題を、あなた一人で抱え込むことはないのです。

綱渡りの復帰

現職への採用が決まって、2016年4月、着任と同時に産休に入り、4月下旬に出産しました。職場の配慮で前期の授業担当は外してもらい、またその年の卒研生の研究室配属も免除にしてもらいました。ただ、着任初年度だったので、育児休業は取得できない、と大学側からは伝えられていました。[*1] であれば、産休明けすぐに仕事を開始しなければなりません。それにはもちろん、保育園の確保が必須でした。ワンオペ育児の先輩研究者による「住むところ、はたらくところと保育園は近接していた方がよい」とのアドバイスに従って、職場の近所に住むことに決め、近所の保育園を確保することをめざしました。

といっても、産休明けは6月下旬で、子どもは生後9週目、預かってくれる保育園の選択肢は限られていました。というのも、認可保育園の場合、早期に職場復帰する親の多くは、子どもを0歳児の4月から入園させることをめざし、前年度の秋ごろに自治体に入園の希望を申請します。この時期に保育園申請をしておきたいところですが、私の居住する区では当時、出産後でないと保育園の申請はできませんでした。出産後の5月以降の入園についても申請はできますが、入園のハードルはかなり上がってしまうのです。しかも、0歳児枠はそもそも少ないのが現状です。

出産後、申請した認可保育園は全部落ちました。この年、2016年は、「保育園落ちた日本死ね!!!」というインターネット上の匿名の投稿が国会で取り上げられ、待機児童問題の深刻さが注目された年でもあります。近所に友人知人が一人もおらず、子どもを任せられるような親も親戚もいないのに、あと1週間で産休が明けてしまいます。

まずは、子どもを預かってもらえるところを確保しなくてはいけません。子どもを抱っこひもで抱えたまま、区役所の窓口に、苦情と情報収集に行きました(窓口では、ファミリーサポートや子育て支援センターを教えてもらうことができました)。次いで、認可外で子どもを預かってくれる可能性がないかと思い、数カ所の認可外保育園に電話をかけ、見学を許可してくれた保育園を訪問しました。

すると訪問先の中に、思いがけず、「7月から子どもを預かってもよい」と言ってくれるところがあったのです。産休を残すところあと3日の出来事でした。この保育園には9カ月間お世話になり、翌4月から、入園を希望していた認可保育園に預けることができました。

それ以降は、子どもが病気で仕事がストップすることもありますが、私が仕事で休めない時や、土日の業務、泊まりがけの仕事の時は夫に来てもらうなどして、ここまで生活を継続してきました。最初の緊急事態宣言中は保育園が休園になりましたが、園ではエッセンシャルワーカーの保護者のために、人数を制限して保育業務を継続してくださっていました。私も急遽オンライン講義をしなければならなくなったときは、園と相談したところ、保育園以外に頼るところがない状況を考慮してくださって、その日時に利用させてもらうことができました。本当に助かりました。保育園とその関係者の方々の支援なくして、仕事は継続できなかったと思います。

なお、介護と育児の両方を経験してみて、どちらがたいへんか、と聞かれることがあります。私の介護休業経験は数カ月という短いものでしたし、介護らしい介護は経験していませんが、前向きでエネルギーにあふれていた親が、そうでなくなっていく姿を見るのは辛いものでした。また、育児が終わるのは子どもが成長した時ですが、介護が終わるのは親が他界する時ですから、前者の方が希望が持てるように思います。育児が辛いと感じても、親の看病をしていた時期よりは楽だなと思うことで、がんばれる時もあります。

サイコロの目が違っても

ここまで振り返ってみて思うのは、現在、私と子どもの二人暮らしが成立しているのは、少し運がよかったに過ぎない、ということです。妊娠中の就活が幸運にも採用につながったり、子どもの保育園が奇跡のように見つかったり、親子ともに大きな病気をすることがなかったり、そんな綱渡り生活を継続してきて、たまたま綱が切れなかっただけにすぎません。

サイコロの目がちょっと違っただけで、介護や育児のため、仕事を継続できなかった人たちもたくさんおられると思います。たとえば任期制の職では、育児休業の取得に制限がある場合もあります。運がよくない場合でも、仕事を継続していけるようなセーフティネットの必要性を感じています。任期のある職には、育児・介護休業を取得した期間だけ任期を延ばすなど、ケースに合わせた流動的な支援が必要だと思います。職場内保育園や病児保育の支援があれば、もっと助けになるでしょう。

子どもは、4月から小学生です。保育園から学校や学童保育へ移行するにあたり、生活にも見直しが必要になりますが、子どもや周囲と助け合って生活していきたいです。

（2023年4月）

*1　2022年4月の育児・介護休業法改正以前は、有期雇用の労働者の場合、引き続き雇用された期間が1年未満である場合、原則として育児休業は取得できなかった。

榊原恵子　さかきばら・けいこ
1973年生まれ。立教大学理学部生命理学科教授。専門は進化発生学。2003年に総合研究大学院大学で博士(理学)を取得後、高校教員、学術振興会特別研究員、ERATOプロジェクト技術参事、助教などを経て、2016年より現所属の准教授、2024年より現職。

2

そして子育てはつづく

——育児編 II

仕事も暮らしも楽しくまわす

丸山美帆子
大阪大学

私の専門は、結晶工学です。さまざまな役に立つ結晶を作るほか、生き物が作る結晶組織を詳しく調べ、それを応用した新しい材料開発手法の考案もしています。昨年10月に現在のポジションに移り、大学の研究室主宰者となりました。夫と、中学生・小学生・保育園児の3人の子どもがいます。夫も研究者で、大学ではなく研究施設に勤務しています。*1

私の一日

最近はずっと、朝の5時20分くらいに起きるようにしています。一日を見渡して、朝のほかに自分の自由な時間はどこにもないからです。起きる動機はオンライン英会話で、5時30分から予約を入れてあります。これがすごく楽しい。毎日やると、1回あたりはすごく安くなるし、人との約束は早起きの大きなモチベーションになります。

その後、6時くらいから40分ほどを自分の時間にして、その後で朝ご飯の準備をして、7時過ぎくらいから、家族みんなに「食べろー」と。そして、ワーッと言いながら旅立ちます。たいてい、家で

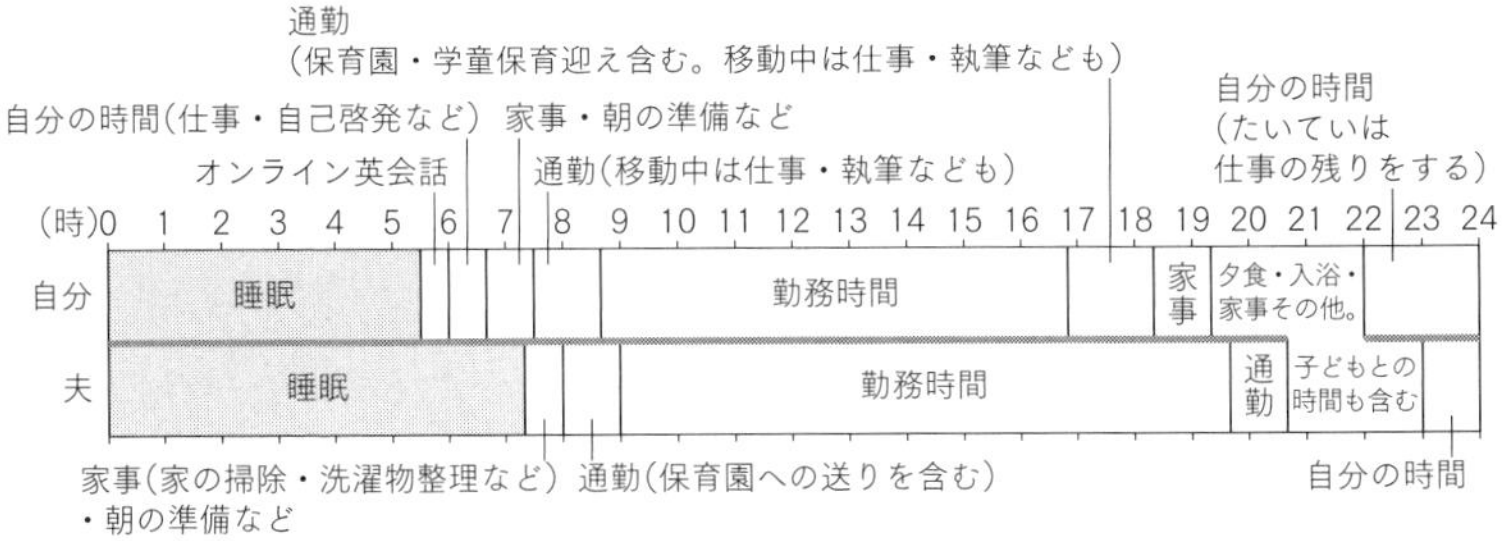

▲平日のスケジュール(例)。

一番早く出発するのが私です。自転車と新幹線、在来線、原付を使った遠距離通勤です。

新幹線の車内では確実に座って作業ができるので、そこで一日の予定を見たり、メールをさばいたり。8時40分くらいから、16時~17時少し前までが勤務時間です。裁量労働制にしてもらっていて、あとは家で仕事している分などで大体のバランスをとっています。

行きはたいてい一人で出勤しますが、帰りのお迎えは基本的に私の担当になっていて、今は小学生の学童保育と保育園のお迎えを含んでいます。帰宅すると、速やかに夕食を作りはじめます。夕食分の1・5倍くらい作って、その一部を夜のうちに弁当箱に詰めて、冷蔵庫に入れておく。追加するものは翌朝にパパッと入れて、自分と夫のお昼のお弁当にします。なので、夕食作りには結構時間がかかります。

作り終わって夕食ですが、子どもたちがご飯を食べる時間がとても長い。「給食なんて20分でしょ」と言っても、20分とかでは絶対食べません。子どもたちがそうして食べている間にいろいろな片付けをすることもあれば、エネルギー切れを起こして、子どもたちと一緒にだらだらしていることもあります。あとは最近、子どもの学校の1カ月くらい前のプリントがくっちゃくちゃになって出てきたりとか、そんなことがちょっと続いたので、上の2人については、ひとり10分くらいずつ、全部確認する時間も夜に設けました。

夫はあまり朝が強くないようで、ギリギリまで寝ていますが、ものすごくきれい好きなので、私が出かけた後に、家を掃除したり、乾燥機に入れていた洗濯物を畳んだり、ゴミを出したりなど、整理整頓関係を全部やってくれます。娘を保育園に送るのも夫です。「朝は夫が子どもの担当、帰りは私が子どもの担当」という形は、1人目の子どもが生まれた時から変わっていません。

なお、朝の早起きですが、子どもが起きてしまう！という問題はやはりあって、我が家では特に、真ん中の子がすごい早起きをしてきます。でも、「私は自分で朝の時間を大事にしているから、君は君でちゃんとやりなさい」と言うと、意外と自力でいろいろ、マイ朝活をしているようです。「朝のうちにある程度勉強したら、Switch の時間あげるよ」と言うと、朝勉強したり……（笑）。


研究、出産、研究、出産……


3人の子どもたちは、それぞれ3つずつ歳が離れています。

1人目は、学位を取ってポスドクの職に就いた直後くらいに妊娠がわかって、なかなか大変でした。ポスドクに就いたばかりなのに責任も果たせずに……と、すごく自分を責めたこともあります。でも周りのサポートもあって、妊娠中も働いて、子どもを出産してちょっと休む、みたいな形をとりました。そんな感じで、1年働いて、1年くらい出産・育児で休んで、また復帰して1年ちょっと働いて、また次ができて、みたいな形を繰り返してきました。

最初のうちは、2〜3年任期のポスドクをつないでいましたが、途中からプロジェクトの特任助教という形で、グループリーダーのような形をとらせてもらえるようになりました。現場では学生さんに動いてもらって、「こういうデータが必要だよね」、「その内容だとちょっと弱いよね」など、学生さんの研究全体について指導をするのが主となりました。もともと工学研究科ではそうしたスタイルの先生方も多いのですが、そうはいっても、明らかに、周りにかなり支えてもらっての研究生活です。そのストレスは常にありました。

3人目を出産したときも任期つきでしたが、任期をあと1年残して、一度退職しています。詳細は省略しますが[*2]、当時の育休取得条件として「該当する子どもが満1歳になった後に、1年以上勤務できること」というものがあり、これを満たすことができなかったのです。子どもが満1歳になる前に現場に戻り、自分としてはその後1年以上勤務する心づもりでいましたが、法律上それでは条件を満たさないとのことでした(今は改善されているようです)[*3]。真ん中の子はまだ3〜4歳の保育園児、その上の子もまだ小学生の中学年です。一番大変だったのはあのころだと思います。歯を食いしばりながら現場との関係を維持して、その後、学振のRPD[*4]をとって、元いた研究室に戻りました。

育児休業中など家にいた期間は、「家にいるんだから家事・育児やってよ」みたいな夫の気持ちと、「家にいるんだから私がやらなきゃだめだろう」という私の気持ちがあって、でも一方で私には「私だって空いた時間に少しでも仕事したいのに」という思いもあって、ものすごいストレスもあったし、夫とはよく喧嘩もしていました。

夫にも育休を取ってほしかったのですが、夫の職場では、育休を取ったことのある男性がまったくいなかったようです。私は「1カ月でも取ったらわかるから!」と言ったのですが、夫は「制度的に取れても(現場に)戻れない」と。夫もやはり研究者なのですが、世界中から研究者が使いにくる実験施設に勤務していて、要はお客さん商売。お客さんが来る時に専門家がいないのは本当にまずいので、仕方がなかったのかな、とは思います。

子どもが大きくなるということ

子どもが大きくなってくると新たに出てくるのが、教育関係の問題です。たとえば、小学生の子は塾に行かせているのですが、任せきりではダメな塾で、子どもの問題を毎回マル付けして親がチェックしないといけない。「いや任せたいんですけど」と思うのですが……。学校以外のものでも連絡帳のチェックが増えてきて、気がついたら時間がなくなって、ということも多いです。そんなこんなで月に1回か2回くらい、書類づくりで徹夜しています。格好よくスマートに「締め切りの前に終わってます」とはならず、全部ギリギリになって……。すごく顕著に、身体にダメージが出たりします。

そして近年の生活の中で本当に大変だったのが、コロナ禍で一時期、学校が休みになったことです。「子どもは子どもでやるから」などと言う人もいますが、やらないですから、小学校に任せていた教育が、親の肩に乗っかってきたのです。

小学校はだいぶ長い期間、リモート教育体制になり、タブレット端末とかも貸してくれていました。ただ結局、親が家で時間割を作って管理することになります。私は全然仕事ができない時期でした。あのころ、男性の研究者と比べて、女性研究者のほうがより大きなダメージを負ったという話もあります。[*5]

他にも、子どもが突然具合を悪くした時に、自分と夫で融通を利かせ合うのが大変とか、学会で1週間いなくなるときに、どうする!? というような問題はやはりあります。コロナ禍で学会の現地開催がだいぶ減って、後者のストレスからはしばらく解放されていたのですが、夫と私の所属学会それぞれで、現地開催に戻りつつあります。

とはいえ、これまでと劇的に違うのが、一番上の子が中学生になったことです。中学生になると、保育園と学童保育のお迎えに行ってもらえる。「この日はどうしても、お父さんとお母さんダブルでダメだから、妹のこと迎えに行ってー」と頼むと、「ええでー」と言って、行ってくれるのです。これでものすごく変わりました！ なんてすばらしいのだろう、と。一番最初に生まれて大変だったあの子が(笑)、今は大きな戦力になってくれています。家族の中で、半分大人の子が1人出てきたというのが、近年ではだいぶ大きいです。「頼むね」と言うと嫌な顔ひとつせずに行ってくれる、長男の性格にも感謝しています。

毎日をゲームのように

こうして子育てしながら研究していると、いやが応でもスーパーマルチタスクをやるようになりました。マルチタスクをする必要がない人たちにとっては、マルチタスクは全然、効率がよくないことのはずです。しっかり1個ずつ、ガーッと集中して終わらせることができるなら、それが一番いいでしょう。でも育児中だと、マルチタスクをしないと絶対に続きません。子どもが幼いころの、ものすごくいろいろなことを入れ子にして動かすという工夫は、実験のデザインとかに活きている気がします。

そして今の私にとってすごく大事なのは、やっぱり時間短縮です。「この限られた時間にどれだけのことをやれるか」と、さまざまなことをゲームにしてしまいます。これが、ある意味すごく面白い。たとえば、今すごく頑張っているのが、「ご飯を作るまでの時間をいかに短くして、クオリティのいいものを作るか」ということです。子どもたちも一緒にやりたがってくれるので、「これをやれー!」「あれをやれー!」と、ご飯づくりのマネジメントをやっています。こういうことはすごく楽しい。仕事のやり方も、家庭の回し方も、共通することがたくさんあって、そこがまた楽しいのです。

あとは、子どもが魚釣りをしたがったので、最近、魚釣りデビューをしました。でもまったく釣れなかった。海から車で15分くらいのところに住んでいるので、ちょくちょく行って修業するわけです。趣味とはいえ研究と同じで、何がまずかったのかを子どもと一緒に考えて、「次の改善点はここだ」といって、改善して、次に行って、でまたダメだったら……と、PDCAサイクルを回していきました。そうしたら先日ついに、大成功したのです。「ついに我らやったー!」と。そういうのも、楽しいなあと思います。これも、やっぱりゲームみたいですね。

★

こうして自分と家族の生活を振り返ってみると、まさにジェットコースターのような目まぐるしさです。でもきっと、私が特殊なのではなく、仕事と家庭どちらも動かす必要がある方々は、みなさんこうした話題をたくさん持っていると思います。そうしたいわゆる「仕事と生活の楽屋裏」のやり方をお互いにシェアすれば、「それ、すごくいいですね!」と共感が生まれたり、新しいアイディアにつながったりするのではないでしょうか。

仕事も家庭も大切。どちらも楽しみたい。そのためのアイディアなら、私も年齢性別国籍など問わず、たくさんの人たちと情報交換していきたいです。明るく風通しのよい世の中になっていけば、みんなもっと生きやすくなりますよね。

（談、２０２３年４月）

＊1　２０２３年３月現在。４月より、状況がまた大きく変わった。

＊2　丸山美帆子・長濱祐美編『理系女性のライフプラン——あんな生き方・こんな生き方　研究・結婚・子育てみんなどうしてる？』（メディカル・サイエンス・インターナショナル、２０１８年）に詳しく記しました。

＊3　２０１７年１月の育児・介護休業法の改正前、同法における有期契約従業員の育児休業の取得要件の一つとして「子が２歳になるまでの間に雇用契約が更新されないことが明らかである者を除く」があった。

＊4　日本学術振興会の特別研究員制度の一つ。出産・育児・介護による研究中断後に、研究現場へ円滑に復帰できるよう支援する制度。現在の任期は３年で、採択されれば、毎月の研究奨励金が支給される。

＊5　たとえば男女共同参画学協会連絡会によるアンケート調査結果「緊急事態宣言による在宅勤務中の科学者・技術者の実態調査結果報告（令和２年７月15日、https://www.djrenrakukai.org/doc_pdf/2020/survey_covid-19/report.pdf）」参照。アンケート当時（２０２０年５月15日〜６月13日）における勤務上の支障として、「育児の増加」を挙げたのは男性16・６％に対して女性25・５％、「介護の増加」は男性１・５％に対して女性３・１％、「家事負担の増加」は男性18・６％に対して女性30・４％などとなっている。

丸山美帆子　まるやま・みほこ

1980年生まれ。大阪大学大学院工学研究科電気電子情報通信工学専攻教授。専門は結晶工学。2009年に東北大学大学院理学研究科地学専攻博士後期課程修了、博士(理学)を取得。2009〜2016年に大阪大学大学院工学研究科にて研究にたずさわる(特任研究員を経て特任助教)。2016年に京都府立大学大学院生命環境科学研究科にて特任講師(その後特任准教授を経て特任教授、現在も兼任中)、2018年にJSPS特別研究員(RPD)として大阪大学大学院工学研究科に戻る。大阪大学高等共創研究院准教授を経て、2022年10月より現職。

男性育休・育児のロング・アンド・ワインディング・ロード

田中智彦
東洋英和女学院大学

倫理学と思想史が専門で、妻も分野は違いますが研究者です。今は夫婦とも、首都圏の私立大学で教員をしています。子どもは中学生です。

子どもが生まれたころは、私は東京の大学に、妻は福岡の大学に勤めていたので、私が福岡で子育てすることにして、1年10カ月という長めの育児休業を取得しました。

いまの生活

2021年にいまの大学に移りました。前の職場よりも通勤時間は延び、授業のコマ数も増え、また委員長職を任されたりもしたので、とにかく何とか回している、という状況です。

妻は職住近接で、大学には歩いて行けるので、家のことは基本的には彼女がやってくれています。もっとも、私も朝ごはんをつくるとか、晩ごはんの片づけをするとか、大学を移る前に二人で役割分担してルーティンでやってきたことは引き続きやっています。そしてお互い、仕事が忙しくなるタイミングではできないところをカバーに入り、波が収まれば平常運転。そんなチームワークで何とかや

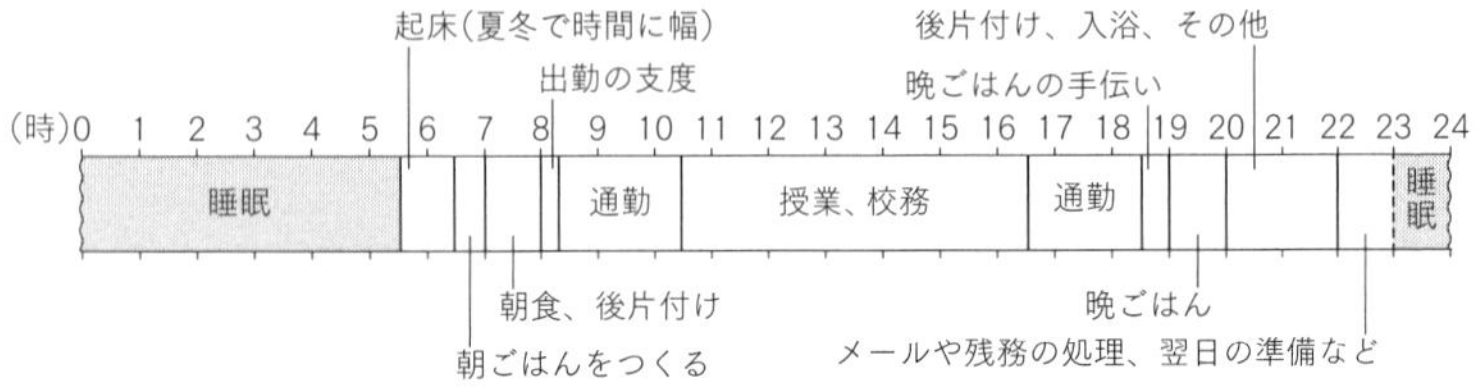

▲2021年以降(今の大学に移ってから)の、平日の標準的なスケジュール。

っています。

とはいえ、ここにたどり着くにはかなりの紆余曲折がありました。

妻は福岡、夫は東京、子どもはどうする?

子どもが生まれたのが2010年の1月です。当時、私は42歳、妻は44歳でした。高齢出産で、しかも切迫流産の危険もあったので、福岡にいた妻は、前年の夏休みから産休をもらって東京に滞在し、出産の準備をしていました。そんな事情もあり、基本的に家事は私がやっていました。そして無事に子どもが生まれて、妻は産休から育休に切り替わり、東京で3人一緒に暮らしていました。

さて、2011年3月に育休が終わると、妻は福岡に戻らなければなりません。では子どもはどうするか。

まだ1歳ですから、福岡に連れていくとして、妻は大学の教員をしながら一人で子育てができるのか。子どものことも心配です。大人には大人の事情があるにしても、そのしわ寄せを受けるのは子どもです。放っておいても子どもは育つのかもしれませんが、できればそうはしたくない。そこで妻が育休をとっている間に、大学にも相談して、何ができるか考え始めました。

当初、大学に検討をお願いしたのは仕事の軽減でした。人手が足りないのはわかっていましたから、週の半分は出て、授業はやります、ただ、それ以外の仕事は免除してもらって、給料もその分削ってもらっていいです、と。そうすれば、週の半分は私が福岡に飛んで、何とかなるかなと考えたのです。

しかし大学からの返答は、「うちにはそういう制度はない」というものでした。フルタイムで今まで通り働くか、完全無給で育休をとるか、どちらかにしてくれ、と言われたのです。

それならごちゃごちゃ言っても始まらないので、では育休をとりますと返事しました。子どもが3歳になった誕生日まで育休をとれるという規定があったので、それ全部いただきます、と。2011年4月から、子どもが3歳になる2013年1月末まで、フルで育休をとりました。大学としてはその期間、私の分の給料で他の人を雇うとのことでした。

主夫になる、そして孤立

無給ですから、完全に主夫です。妻はフルタイムで仕事に戻ったうえに、いろいろな役職もして忙しかったこともあり、本当に、文字通りの主夫になってしまいました。

東京から福岡へ移るときには、さすがに何かできるだろうと、本もけっこう持っていきました。しかし、結果としてはほとんど何もできず、その間、研究もまったくのブランクでした。書評をちょっと書いたくらいです。

朝起きて、みんなの朝ごはんをつくります。幸い、妻の友人が紹介してくれたすごくいい託児所があったので、朝9時から午後の3~4時くらいまでそこで見てもらいました。その間、何かできるかなと思っていたのですが、子どもを託児所に送って、帰宅して、家の片づけとか掃除・洗濯をして、昼食をとって、晩ごはんの買い物をして、すると、あと1時間くらいでお迎えだなあと……。その繰り返しでした。

妻は帰りが遅いですから、夕方、子どもを迎えにいったあとは一緒に遊んで、晩ごはんをつくって、みんなで食べたり、子どもと二人で食べたり。それから子どもをお風呂に入れて、寝かしつけまですると、夜の8時とか9時になります。じゃあ夜起きていて何かできるのかというと、次の日の朝もまた5時とか6時起きとなると、やっぱり何もできませんでした。

これが毎日、休みなく続きます。土日は土日で、妻は研究会などの用事があり、託児所もお休みなので、子どもと二人、朝からどこ行こうか、と考えて。九州をあちこち、電車で回ったりしました。じっくり腰を落ち着けて本を読むことも、論文を書くこともできず、研究会にも出られない。しかも福岡に行きましたから、東京で交流のあった人たちともせいぜいメールでやりとりをする程度で、それどころかメールを書く時間もないくらいでした。

すると、完全に孤立しました。女性が育児にかかりきりになって、いろんなものから切り離されてしまい、精神的にもつらくなるというのは、あ、こういうことなのかと、しみじみわかりました。

しかも、ママ友やパパ友なんかいないのです。託児所の送り迎えにお父さんがくるというのは、あちこちで珍しがられはしましたが、だからといってママ友やパパ友ができて……ということもありません。子どもがいない状態で、他のだれかと話すということが、ほとんどと言っていいくらいありませんでした。あれは、こたえました。

それに遮二無二やっていた1年目よりも、2年目に入ってからのほうが、精神的にはキツかったです。「去年一年振り返って、研究者として何もやっていないな」、そして「完全に〝ぼっち〟になってるな」と。

復帰、されど出口の見えない日々

そんな育休もなんとか明けて、東京の大学に戻ったのが2013年1月末です。戻った瞬間から、今度は何事もなかったかのように通常業務が始まりました。

1月末だったので、授業などは終わっていたのですが、育児は続いているわけです。育休が終わった瞬間に、子どもが手を離れるわけではありません。にもかかわらず、「終わったよね」ということで、すべてが元通りになる。それはそれで大変なんだな、と思いました。折よく、妻はその4月から東京の大学に移れることになり、着任までの2カ月間、引越しなどをバタバタとして、4月から再スタートです。

幸い子どもは保育園に入れましたが、保育園の送り迎えや行事、病気になったときの対応などは、同じように続いていくわけです。子どもはしょっちゅう熱も出す。一方、妻はやっぱり忙しくて――着任したばかりで、しかも私学なので相変わらず忙しく――てんてこまいになっている。そしてまた役職とかを任されはじめて、やはりどうしてもそちらが優先になってしまいます。朝早く出て、夜遅くまで仕事。とはいえこの時も、先ほどと同じ話になるのですが、大人の仕事を理由に、子どもに我慢はさせたくないと思いました。子どもは何も言えないですから。

すると、妻ができない分を、私がやる。ただ、仕事は当たり前のようにフルで降ってくるので、大学に戻ってからの3年間くらいは、これまた研究は全くできませんでした。朝ごはんをつくって、子どもを保育園に送って、大学に行って、授業やって校務やって、終わったら速攻で帰って、子どもを迎えに行って——送り迎えはほぼ全部やっていました——晩ごはんの買い物をする。東京に戻ってきて直後の数年は、晩ごはんもほぼ全部つくっていました。そして土日は相変わらず、子どもと二人であちこちに出かけて。

結局、どちらが家庭に入るにせよ、夫婦のうち片方がフルに働くモデルが当たり前なのでしょうか。そして、もう一方が身を削らないと回らない仕組みになっている。

1年くらいは「何とかしなきゃ」と頑張れてしまうのですが、2年目くらいから、やっぱりキツくなってきます。3年たってる、4年たってる、これいつまで続くんだろう、と指折り数えて……。妻が忙しいのはわかるけれど、まだ子どもは小さいし、この調子でワンオペに近い状態が続くと、いったい自分のキャリアは、研究はどうなるんだろう、と。それが、ずーっと続きました。

雨降って地固まる

小学校にあがっても、1〜2年生くらいはまだまだ目も手も離せません。一人で学校に行って帰ってくるくらいのことはできても、それ以外のことについては、そばにいてあげないといけない。4年生くらいになってやっと、子どもに任せて大丈夫なことが目に見えて増え、妻の仕事の負担も少し軽くなって、私にも、本を読んだりものを書いたりする余裕ができるようになりました。

それまでは、いろいろありました。私のほうも、辛抱がきかなくなることがありました。子どもが生まれてからトータルで10年近く、もっぱらサポート役に回り、ほかには何もできない日々が続いて、さすがに、いったいこれ、このままやり続けるのかと。お互い研究者だからわかっているはずなのに、妻は仕事仕事となってしまう。仕事でいろいろ期待されているのはわかるけれど、じゃあ僕はどうなる、と。正直、衝突することもずいぶんありました。それで、さすがにまずいなと、やっとわかってもらえました。

要するに、外で仕事をたくさん引き受けている側が自分から身を軽くしてくれないと、家の中に入っている人間は、いつまでたっても自分の時間をとれないのです。周りからどんな目で見られようとも「家庭の事情がありますので……」といって、フルで１００の仕事ができるのなら、それを80、70くらいまで意図的に減らさないと、共働きで双方無理なく仕事を続けるのは難しいと思います。自分でやりたい仕事だからとか、任された仕事だからとかで、頑張ってしまえばしまうほど、家でサポートに回っているほうは、追いつめられていく。

「なんで最近何も書いてないの？」

女性の場合、家にいるのが当たり前とみなされて、押し込められて大変、というのはあると思います。いっぽう男性の場合はもしかすると、私みたいな状況になっていても、言う先がないかもしれません。訴える先がない。

それに、「男が何やってんだ」という話は、男性・女性に関係なく、言う人はやはり言うのです。直接は言われなくても、風の噂で入ってくる。「男のくせに育休とって」みたいなことです。育休から復帰した後も、共働きで子どもを育てるから男のほうも大変なんだということがなかなか理解されません。「奥さんいるんでしょ?」みたいな話になるのです。それがさらに、子どもが小学生になっても続いているとなると、ほとんどの人にとって理解の外のようでした。「いや、ちょっと家のことが大変で」といっても、何が大変なのかわかってもらえない。逆に、ちゃんと仕事をしていないとか、研究をできるのにさぼってるとか、そんな目で見られたり、ものを言われたりすることが少なからずありました。

いちいち反論するような話でもなく、ただひたすら、サンドバッグみたいな状態です。女性が「まだ子どもが小さくて」というと、「お子さんがいて大変ね」という話に結びつくのかもしれませんが、男性が言っても「かわいい年ごろでしょう」で終わってしまう。もっとリアルに大変で、ごはんもつくってるし買い物もしてる、みたいなことは、たぶん相手には想像の端にものぼっていない。「小さくてかわいい子どもがいて、奥さんがいて、なんでこんなに早く大学から帰るの?」とか、「なんで研究会に出てこられないの?」とか、「なんで最近何も書いてないの?」とか、もう言いたい放題に言われて、正直つらかったです。

今は、育休を長めにとる男性も増えていて、記事などで取り上げられているのもみますが、どこか「さとってる」感じの人たちが多いように思います。悪い意味ではありません。「男性だけど、仕事ばっかりやるのが人生じゃないよね」とか、「子どもと一緒に生きるのもありだよね」とか、いわば達観できている人たちです。一方で、そうではない声は、まだなかなか出てこないように思います。仕事との両立をはかり、家庭を大事にして身も時間も削っていながら、所属先にも、社会的にも理解されていない人たちは、男性ゆえにけっこういるかもしれません。

次世代に何を手渡すのか

もちろん、家事にせよ家族のケアにせよ、男性はもっと頑張らないとダメなのでしょう。でも男性にかかっている、「仕事しろよ」「競争に負けたらアウト」みたいなプレッシャーは、それはそれですさまじいものがあります。そういう状況で「私、競争から降ります」とはなかなか言えないですし、そうなると、もっと家事も育児もやれるじゃないか、やるべきだとなったときに、壊れてしまう男性もたくさん出るだろうと思うのです。

しかも、そうなりかねない社会的な装置がある。そうだとすると、「誰か一人が稼ぎ頭でいてくれればいい」というモデル自体を、つくりかえていくべきではないでしょうか。

今はたいてい、夫のほうがフルに働くので、家庭を回すには妻のほうが身を削らないといけないようになっていて、それが問題なのはもちろんですが、女性の代わりに男性が家庭に入って同じような思いをするのなら、やっぱり解決にはならない。そういうシステムでやっている以上は、一家に一人しか研究者はいられないし、研究者でなくても、共働きで、両方がそれぞれ納得のいく形で仕事をするのは難しいと思います。

ですから、女性がもっと自由に生きるようになるのとセットで、どちらかにしわ寄せがいくようなこのシステム自体が改められないといけないでしょう。

それに、子どもができて7〜8歳くらいまでは家庭が大変だというのが、もっとひろく共有されると同時に、その期間に関しては男性であれ女性であれ、「あなた子育てしてるんだから、この期間はもっとゆっくりでいいよ」というふうにならないかなと思います。子どもを育てるときは社会でサポートして、その間にかんしては、競争的でなくていいし、評価にはかかわらない、というようにするのが当たり前になってほしい。

さらにこうしたことは、現在の親たちのキャリアにかかわる問題というだけではなく、子どもたちに何をしてあげられるのか、ひいては「次の社会をどうするのか」という話でもあるでしょう。子どもは親の姿をみて育ちます。次の世代のためにこそ、男性も女性も公平に働けるようにしないといけないし、どちらかが諦めて、それが結局子どもに影響することがないようにしないといけない。あるいは、両親がキャリアを頑張った結果、子どもがほったらかしにならないようにしないといけない。そんな感じでもっと、子どものことを考えて語られることがあってもよいと思います。

★

子育てがこんなに大変だとは思っていませんでした。子どもを育てるってこういうことなのか、と実感します。最初に思い描いていたような未来予想図からは、ずいぶん変わってしまいました。でも今は、人生ってそういうものだなと考えています。

そして、本当に女性は大変なんだなと、身に染みてわかりました。これは経験しないとわからなかったでしょう。女性が繰り返し訴えていることが、よく聞くような、定型的な話ととられるのは間違っています。場合によっては実存がかかってしまうようなすごい話です。キャリアを諦めざるを得なかった人は、本当につらかっただろうと思います。人生は人それぞれにしても、もっと違う選び方ができるようになってほしい。男女にかかわらず、優秀であるとかないとかでもなく、やりたいことをやれるような社会になってほしいと思います。

（談、2023年3月）

田中智彦　たなか・ともひこ

1967年生まれ。東洋英和女学院大学人間科学部教授。専門は倫理学、思想史。早稲田大学大学院政治学研究科後期博士課程を単位取得満期退学。早稲田大学教育学部助手、東京医科歯科大学教養部准教授を経て、2021年より現職。共著に『生命倫理の基本概念』（丸善出版、2012年）、訳書にテイラー『〈ほんもの〉という倫理』（ちくま学芸文庫、2023年）など。

出産から海外フィールドワーク、そして非常勤の日々——子どもと歩む研究生活

金城美幸
立命館大学

パレスチナ地域研究をしています。博士課程の間に娘が生まれて、博士論文の提出後に海外滞在した後、5歳差で息子が生まれました。今、娘は中学校1年生、息子は小学校2年生です。私は、大学常勤職で働く連れ合いとともに子育てをしながら、今は立命館大学の研究員と、愛知の大学の非常勤講師を併任しています。

私の一日

朝起きると、慌ただしい時間が約2時間続きます。お弁当を作りながら娘を起こし、時間差で息子を起こして順番に朝食を食べさせます。連れ合いには自分のことは自分でしてもらって、洗濯など家の用事をしながら大学での講義の準備をし、授業に向かいます。

日中は、娘は学校と部活、息子は学校と学童保育で過ごし、午後6時ごろ帰宅します。夕方ごろに連れ合いと連絡を取り合い、息子の学童に迎えに行くか、夕食を作るかをその日の気分で役割分担しています。帰宅後は、食事の用意、片づけ、お風呂、学校の宿題や持ち物チェック、寝かしつけとい

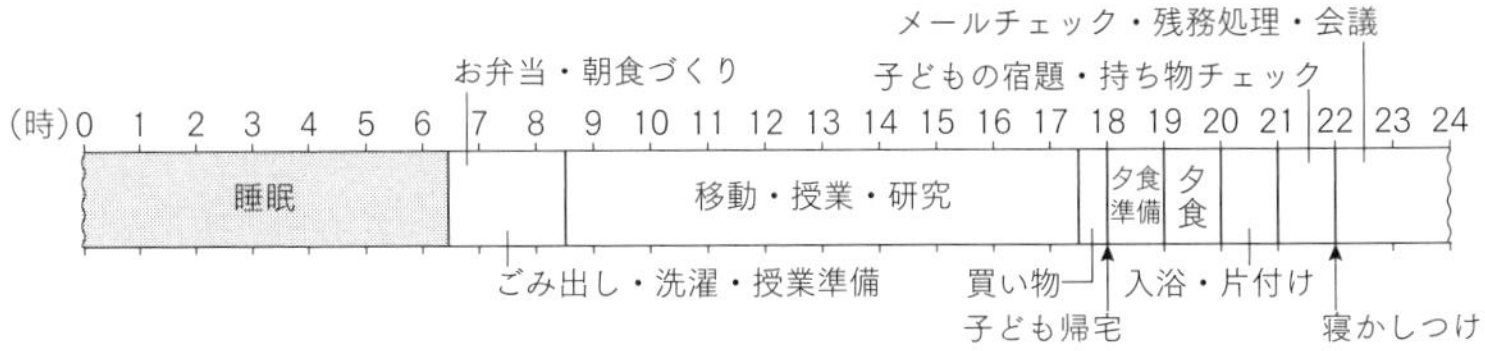

▲平日のスケジュール(例)。

うルーティンです。寝かしつけ後にオンライン会議が入る日もあります。

出産、そして立ちはだかる壁

博士課程に在籍していた2010年の春、パレスチナへの留学から帰ってきたタイミングで妊娠がわかりました。連れ合いも博士課程に入って間もない頃でした。思い返すと、将来の見通しもはっきりしておらず、周りから「まだ学生なのに出産なんて」という目で見られるのではないかとプレッシャーを(勝手に)感じて、「自分の選択に不安はない」と肩に力の入っていた時期でした。

妊娠後は、連れ合いと一緒に私の実家に住みました。実家の母はすでに他界していたので、父が孫の遊び相手を務めてくれました。連れ合いは海外調査のために不在なことも多かったので、利用できる託児サービスを駆使して研究の時間を捻出する生活でした。

幸い、連れ合いの所属する大学内に保育園があり、子どもの生後2カ月から利用できたので、そこに子どもを預けて学内の図書館で作業し、3時間おきに授乳に行くという形で、研究時間を作りました。しかし、大学までは電車で片道1時間半。夜中の授乳もあり睡眠不足ななか、抱っこひもで子どもを抱き、保育園グッズと研究用品(PCや本)の詰まったスーツケースを引いて通うのは難しく、利用できたのは週3日だけでした。認可外保育園なので、費用が高いのも大変でした。

とはいえ、出産直後の時期に時間を確保できたことで、研究への思いも業績も、何とか切らさずいられたように思います。多くの大学で気楽に利用できる保育園が増えれば、育児中の研究者への心強いサポートになるのではないでしょうか。

その後、近所の認可保育園への入園が決まって、「研究を軌道に乗せよう」と意気ごんでいましたが、ここでまた新たな壁がありました。学会や研究会は週末の開催が多いのですが、週末は保育園利用ができないことです。この壁をどう乗り越えるかに頭を悩ませました。

助け舟は、所属する学会が年次大会の際に託児室を設置してくれていることでした。おかげでコロナ以前は毎年学会託児を利用し、子どもと一緒に各地を回りました。しかし、ここでも費用の問題がありました。託児利用料だけでなく、泊まりがけの学会だと子どもの宿泊費も(就学すれば交通費も)かかります。学会によっては費用の一部を学会運営費から負担してくれますが、それでも利用者負担は一日一人５０００円(上限)。複数日開催で２人の子どもを預ければ、費用も跳ね上がります。実費負担の学会では、託児料だけで３万４０００円(２日間×子ども２人分)かかったこともありました。

２０１５年からは日本学術振興会の特別研究員ＲＰＤに採用されたため、科研費[*1]を使用でき、さらに２０１８年からは託児費に科研費を充てられることがルールに明記されたので、以降の科研費でも託児にかかる費用を捻出できました。しかし、科研費などの研究費がなければ、育児中の研究者の学会参加の壁は、今もなお高いと思います。

その一方で、最近の研究会やシンポジウムでは、主催者負担での託児室の設置が増えたようにも感じます。子ども帯同での調査を了承し、サポートしてくれる先輩研究者もいます。育児中の研究者が参加しやすい環境づくりが、徐々に広がっているようです。こうした事例について情報がシェアされ、他の分野でも制度として導入されてほしいと思います。

子連れでのパレスチナ滞在

娘が2歳になった2012年に、連れ合いがNGOスタッフとしてパレスチナに赴任することになりました。連れ合いが単身赴任をして私と娘だけで日本に暮らすよりは、娘を連れて現地で研究を進めたいと考え、一緒にパレスチナに渡航しました。調査は以前から行っていたので、現地での土地勘はあり、すでに現地に知人もいる状態からのスタートでした。娘を通わせる保育園も事前に決めていました。ただ、当時は日本の大学で非常勤講師をしてもいたため、娘が5歳になるまでの3年間は、年度の前半は日本で非常勤講師をして、後半はパレスチナで過ごす、行ったり来たりの生活でした。

現地では連れ合いがフルタイム勤務だったので、家事・育児は一人で担うことが多くて大変でしたが、娘が現地でも日本でも保育園にすぐに溶け込んでくれたのでとても助かりました。行く先々の環境で目いっぱい楽しんでくれる姿にホッとしましたし、この期間に少しずつ研究を進められたのも、娘のバイタリティのおかげだと思います。

また、地域研究をおこなう私にとって、子連れで滞在するメリットもありました。娘と一緒に難民キャンプに住む友人を訪れると、キャンプの女性や子どもたちが温かく迎えてくれました。日本人の子どもが珍しいこともあり、娘のおかげでいろんな家に招いてもらい、多くのパレスチナ人女性と出会うことができました。

パレスチナ北部のタムラ村で、友人の子どもたちと遊ぶ娘（2013年10月）。

イスラエルの建国時に土地を追われ、その後も軍事占領下に置かれたパレスチナ難民の女性は、子どもの教育の権利も侵害され、子どもが占領軍に抗議した場合は「テロ活動」を行ったという容疑で逮捕されてしまうという過酷な状況にあり、家族や子どもを亡くした人も少なくありません。こうした経験をした難民のお母さんは、普段は家族の手前、気丈にふるまっていますが、地域のしがらみの外にいる外国人かつ育児経験者である私に、苦しみを語ってくれることもありました。育児の経験が、難民女性とのつながりを作る一助になったと感じています。

非常勤ゆえの悩み

息子の妊娠は、娘と一緒に日本に帰国中だった2015年春にわかりました。連れ合いの現地赴任の任期がその翌年までだったので、私と娘は日本への本格的な帰国を決め、連れ合いは約1年間、単身赴任になりました。息子の誕生後、連れ合いは転職して大学での常勤職を得ることになり、私は非常勤講師をしながら助成金を得て研究を続けています。

最近の悩みは、家事・育児に加え、非常勤であることで、研究がさらに制限されることです。非常勤と常勤の賃金差が大きいため、生活や研究費用を捻出するためには多くのコマ数を教える必要があります。今年は愛知県内の４つの大学で年間計14コマを教えていますが、大学ごとにシステムも、授業運営の方針も、コロナ対応も異なることから、授業の準備に時間がかかり、研究に割ける時間が削られているのが実情です。

さらに非常勤の場合、しばしば研究費の確保も困難です。例えば、今の勤務先の４つの大学では、非常勤講師による科研費への応募が認められていません。科研費での個人研究もできないし、他の研究者の科研費プロジェクトにも、共同研究者として参加できない状況が続いています。[*2]

非常勤講師を取り巻く問題は、個人の問題というより、育児中の研究者、ひいては大学全体の問題だと感じています。昨今、大学教員に占める非常勤講師の割合は約半数にのぼると言われ、[*3]非常勤講師のうち約54パーセントが女性という推計もあります。[*4]育児や介護に従事するのは女性が多いことを考えれば、育児・介護をおこなう非常勤講師も相当数いると思われますが、これまでは「女性」「非常勤」「育児・介護従事者」のカテゴリーを組み合わせた統計はとられていません。今後はこの本のように、統計の中で見えにくくなっている個人の問題を、社会と連関させたイシューとしていくことが重要ではないでしょうか。

（２０２３年６月）

＊1　日本学術振興会の科学研究費助成事業。競争的研究費であり、ピアレビューによる審査を経て、独創的・先駆的な研究に対して助成が行われる。

＊2　なお、非常勤講師の科研費応募を認めるかどうかは、大学によって対応が異なる。日本学術会議が非常勤講師の科研費申請を可能とするよう提唱し、文部科学省もこれを認めているが、現状では大学の仕事量の増大等の理由

により認めない大学が多いという。女性科学研究者の環境改善に関する懇談会（ＪＡＩＣＯＷＳ）が２０２１年４月に提出した「非常勤講師の環境改善に関する要望書」参照。https://jaicows.org/2021-04-15/519/

＊3　朝日新聞デジタル「大学教員、半数は非常勤　常勤も４分の１が『期限付き』」、２０１８年５月20日。

＊4　羽場久美子「女性研究者の貧困をどう解決するのか？――博士号取得者、非常勤講師」『学術の動向』23巻（２０１８）11号、p. 69。

金城美幸　きんじょう・みゆき

１９８１年生まれ。専門はパレスチナ地域研究。２００８年〜09年にイスラエルのヘブライ大学、パレスチナのアル＝クッズ大学に留学。２０１２年に立命館大学大学院先端総合学術研究科で博士号を取得し、立命館大学衣笠総合研究機構専門研究員、日本学術振興会特別研究員ＲＰＤを経て、現在は立命館大学生存学研究所客員研究員、愛知学院大学等非常勤講師。

「逆転」生活からみた世界

佐田亜衣子
九州大学・熊本大学*1

皮膚の幹細胞と老化について研究しています。元の所属である熊本大学と、新たな所属の九州大学とのクロスアポイントメントで雇用されています。プログラマーの夫と、小学3年生の娘と3人、熊本で暮らしています。

娘に起こされる生活

朝は7時半くらいに起床します。娘は7時半から8時くらいの間に出発するので、とっくに起きていて、「ママそろそろ起きて」「いつまで寝てるの」って怒られるというダメダメ生活で……。そうして娘に起こしてもらって、夫が作ってくれた朝ごはんを食べ、メールチェックをして、8時半くらいに家を出て、徒歩15分くらいでラボに行って、仕事して、いつも夜の7～9時くらいの間に帰ります。娘は9時くらいに寝るので、それに間に合うくらいに帰るように心がけています。早く帰れる日は夜7時くらいに帰って、娘と一緒にゲームしたり。晩ごはんも夫が作ってくれます。洗濯もほぼやってもらっていますが、たまに土日とかはやります。でも乾燥機能つきの洗濯機なので、放り込めば終わりです(笑)。

こんな具合なので、平日は、家族と接点のある時間帯はほとんどありません。朝と夜、それぞれ少しだけという感じです。土曜は私も夫も家で仕事、娘は学童です。日曜はだいたいオフで、3人みんなでごろごろしたり、遊びに行ったりします。

ということで、平日は、家事や子育てはほぼ何もしていません。仕事しかしていない気がします。ここに登場して大丈夫でしょうか……。

このスタイルに至るまで

私は学位をとった後、研究員として単身でアメリカに行っていました。そのころ夫は東京の会社で、正社員としてプログラマーをしていました。でも、当初予定の3年がたっても私の研究は終わらず、一方で、子どももほしかった。

研究者はやはり忙しいし、正社員として働くプログラマーもすごく忙しい。納期とかもあるし、もう夜中まで働いて……。お互い忙しいとこの先、生活が成り立たないだろうと考えました。そこで、夫に会社をやめてもらい、アメリカに来てもらうことになりました。夫はそれ以降、フリーランスのプログラマーとして、在宅で働いています。

そして、そのままアメリカで妊娠・出産し、2016年、子どもが1歳半くらいのときに帰国して筑波大学に移り、2019年に熊本大学でPI(研究室主宰者)となりました。

夫の渡米にあたっては、さすがにすんなりとはいかず、大喧嘩もしましたが、夫は「学生時代から研究に邁進する姿を見ていたので、サポートすることにした」と後から教えてくれました。仕事が忙しい人同士の夫婦だと、こういうやり方は難しいだろうと思いますが、我が家ではこのやり方——私が仕事優先で、夫が在宅勤務をしながら家事・育児を担うスタイル——で比較的安定して回しています。

ただ、女性が家事・育児をやることをみんな当たり前だと思っていて、「なんでやってないんだ」みたいに言われることは少なからずあります。「旦那さんがかわいそう」とか、私のほうが役目をはたしていないとか、同僚や友人レベルから親戚まで、すごく言われます。

とはいえ幸い、夫側の親戚にはすごく理解があり、つくばにいたころは、義理の父が住み込みで手伝ってくれていました。すでに仕事も引退していて、孫も小さいしということで、いつの間にかふんわりとうちにいて、いろいろやってくれて。私は「いつもお世話になってます」と言って、義理の父が作ってくれたお弁当をもってラボに行っていました。

「逆」から「ノーマル」を眺めると

とはいえ、ここまでサポートしてもらっていても、妊娠時から数えると、フルに研究のアクティビティが戻るまでには6年くらいかかりました。

とくに渡米中の、子どもが0歳児のころは大変でした。昼間は夫が子どもをみてくれて、自分は夕方5時くらいに帰って、それから交代して夜通し育児をし、翌朝7時くらいに眠い目でラボに行って、また夕方5時くらいに帰って育児して……という、24時間働きっぱなしみたいな生活です。

その後、帰国して、子どもが保育園に通うようになっても、100パーセントひとに任せるわけにもいきません。イヤイヤ期の子どもをなだめてクタクタになって研究室に行ったり、流行っている病気を子どもがもらってきて一家全員で感染したり……。家に保育園児がいるといろいろとあるものです。

女性研究者で、研究と家事・育児を両立させて頑張っている人は他にも多くいますが、ふだん夫のサポートが多くある方にしても、家庭の優先順位は高い。休日は家にいるし、平日でも仕事が早く終われば「ふだん任せているからうちに帰ろう」と考える人が多いのではないでしょうか。

一方、男性研究者で奥さんが専業主婦やパートをやっているという人の中には、本当に研究しかしてこなかったような方もいるようです。「逆」パターンとの意識の差は感じます。これは、日本の長時間労働をよしとする雰囲気や同調圧力のせいもあるのかもしれませんし、「男性は仕事で成功して家族を養わないといけない」といったプレッシャーのせいでもあるのだと思います。

こうした男性研究者が多くを占める環境で、家事・育児を本格的に担う研究者がやっていくのは本当に大変だと思います。家事・育児には時間をとられますが、研究のアクティビティはどうしても時間に依存する面があるので、表に出る業績を見ると、「研究100パーセント」みたいな人よりはどうしても少し劣ってしまいます。私自身も、あれだけのサポートを受けてもなお、妊娠・子育て中の5～6年間の業績は少し低迷しています。家事・育児をまったくしてこなかった研究者の目線で論文のリストを見れば、単純に、「全然論文出ていないじゃないか」となるでしょう。しかも5年とかの任期がつくとなると、5～6年の低迷でも致命的です。しっかり家事・育児をやって、頑張って両立している人ほど生き残りにくくなっている。評価する側のダイバーシティを上げるなどして、価値観を変えるしかないと思います。

価値観が変わる未来を願って

私の中では何となく、生活と研究を別にしたいという思いがあって、家では仕事の話はあまりしません。子どもが科学に興味をもってくれるといいなと思って、顕微鏡を買ってきたりはしたのですが、今のところは全然、研究者になりたいとは言わないですね(笑)。

ただ、子どもが娘なので、働いているお母さんの姿を見せたいという気持ちはあります。

「理系の研究者や医師は男性の仕事」みたいなイメージが、日本社会にはあるのではと思います。でも、お母さんが理系の研究者で、ずーっと働いていて、お父さんが日々のごはんを作っている家庭で育った我が家の娘は、そうしたイメージとはちがう価値観をもつようになるでしょう。そういう人が増えると、世の中の価値観も変わっていくと思います。「お母さんが必ずずーっと家にいて、家事をして……」というのが当たり前じゃない、というふうに。家事や家族のケアを誰がどう担うかということは、パートナーと話をするべきことであって、女性だからといって、それを担わなければいけない義務はない。働いてお金を稼いで食い扶持をつなぐというのは人間として普通のことで、好きなことを仕事にできたら、それはもう最高です。女の子だからといって、それを諦めるようなことはしてほしくありません。

私の世代はまだ性別役割分業の意識が強い人が多く、私はそれによって苦労した部分もあります。

娘が大人になるころまでには時代が変わっていってほしいですし、そのためにも自分は、研究者として強く生き延びようと思っています。

（談、２０２３年７月）

＊１　初出公開当時。現所属は九州大学のみ。

佐田亜衣子　さだ・あいこ

１９８３年生まれ。九州大学生体防御医学研究所教授（２０２４年３月までは熊本大学国際先端医学研究機構クロスアポイントメント教授）。専門は、皮膚科学、幹細胞生物学。２０１１年に総合研究大学院大学で博士（理学）取得後、米国コーネル大学博士研究員、筑波大学生存ダイナミクス研究センター助教、熊本大学国際先端医学研究機構特任准教授を経て、２０２３年より現職。令和元年度熊本大学女性研究者賞、令和３年度科学技術分野の文部科学大臣表彰若手科学者賞など受賞。

研究者、育てられながら親になる

安部芳絵
工学院大学

赤ちゃんのことを一番よくわかっているのは

子どもは3人とも助産院で生まれました。長男のときは夫が、次男のときは夫と長男が、三男のときは夫と次男(真夜中のため長男は爆睡中)が、それぞれ出産に立ち会いました。

初めての出産のあと、自宅に帰るにあたり不安でたまらず、助産師さんに「赤ちゃんのことでわからないことがあったら相談に来てもいいですか」とすがったことを覚えています。これに対し、「来てもいいけど、赤ちゃんのことを一番よくわかっているのは私じゃない。赤ちゃん本人だよ」と、助産師さんは言い放ちました。

私の研究している国連子どもの権利条約は、子どもに一番よいことをしようという国同士の約束事で、1989年に国連で採択され、日本は1994年に批准しました。条約の採択による最も大きな転換は、子どもにとって一番よいことをおとなが勝手に決めるのではなく、子どもに聴いて子どもとともに考えていくという点です。

まさに自分が研究している「赤ちゃんにとって一番よいことは赤ちゃんとともに考える」という当

たり前のこと、頭ではわかったつもりになっていたことが、自分の生活の中に根づいていないことに気づかされた、子育て(親育ち)のスタートでした。

育休は取りませんよね?

これまで、文系女性研究者の多くは、任期付きや非常勤講師を繰り返しながら細々と研究を続けてきたのではないでしょうか。私も、3人の出産時には、助手と非常勤講師でした。

初めての出産をした2004年当時は助手でしたが、母校ではそもそも女性が助手になることが珍しく、ライフイベントに関する大学側の環境も整っていませんでした。夫婦で研究者を目指している院生が妊娠すると、「子どもが生まれるなら、早く仕事に就かないと」と、なぜか夫の方にだけ専任の話が舞い込んでくるといった話も耳にしました。「子どもが生まれるなら、家庭で子育てに専念した方がいいよ」と「よかれ」を押しつけられ、研究を断念した院生もいました。このような話ばかりで、妊娠すると研究から離れなければならないのではないか、と不安ばかりが先に立ちます。

安定期に入ってから大学の事務室に顔を出し、恐る恐る「産休を取りたいのですが」と申し出たところ、事務の方から「産休だけでいいんですよね? 育休は取りませんよね?」と言われ、「あ、はい」と答えてしまいました。なぜこのとき、「あ、はい」と答えてしまったのか、その後も思い出すたびに自問自答します。ちょうど上司が女性だった夫(同業者ではありません)が代わりに育休を取得し、なんとか切り抜けました。

結局、育休を取得することができなかった私のもやもやを聴いてくださったのは、お二人のお子さんの母でもある専任のM先生（指導教員ではありません）でした。産休に入ったのち、（産休中であるにもかかわらず）先生方からメールの問い合わせが多々ありましたが、この話を耳にして、「産休中に働かせてはならない」と、メールを出した先生方に伝えてくださったのもM先生です。ロールモデルとなり、支えてくださる研究者がいることほどありがたかったことはありません。

まず、交渉してみる

そういえば、査読の結果「修正採択」（若干の修正を前提とした採択）で返ってきた論文の締切が、第二子出産予定日2週間後だったことがあり、泣く泣く修正をあきらめたことがありました。後からその話を学会の先生にしたら「なんだ、言ってくれたら延長できたのに」と言われ、「え？　そうなの！」と衝撃を受けました。

学位論文は、3人目のつわりでくらくらしながらもなんとか提出。本来出席するはずだった9月の学位授与式は、出産予定日の3日前だったために半年ずらしてもらいました。この頃になると、提示された条件とライフイベントがかみ合わないときは「まず、交渉してみる」という術を覚えたようです。

あれから年月もたち、大学の制度もずいぶん整ってきたはずです。とはいえ、研究者に限らず、安心して妊娠・出産・子育てができるとはまだ言い難い社会でもあります。とくに第一子の出産は不安でしょう。そんなときは、身近な子育て経験のある研究者（男女不問）を探して、その人が信頼できるかをこっそり見極め、相談してみるのがよいのではないかと思います。

保育園児さんに鍛えられる日々

産後になれば私だけでお世話をしなくてもいいのだから、赤ちゃんが寝ている間に論文を進めることができるはず、と安易に考えていました。幻想でした。そもそも赤ちゃんは寝てくれません。寝ないだけでなく泣きます。あんなに大きな声で泣くのに、夫も上の子も起きません。とくに次男は2歳になるまで2時間おきに起きる人だったので、毎日寝不足でした。

3人とも生後2カ月から保育園育ちですが、入園や年度初めに提出する書類がまた悩ましい。専任であればまだしも任期付きと非常勤講師を繰り返している状況で、あちこちから書類をそろえて出すのは骨が折れました。

長男の全身ピンク色のコーデや次男の右と左違う色の靴下は見なかったことにし、三男を抱っこしてなんとか保育園に着きます。大学に行き、気づくとお迎えの時間で、家に帰ってからは怒濤の夕飯・入浴・寝かしつけです。あきらめきれずに「子どもが寝た後に、論文を……」と挑戦するのですが、三男をとんとんしていると、なぜかまだ1歳にもなっていない三男からとんとんし返され、自分が先に寝てしまう始末。そのうち家で研究をするのはあきらめました。

しばらくの間、家で研究ができないのは自分に力量がないからだと思い込み焦りました。しかし、そんなある日、同じくお子さんが3人いる理系のK先生から「家で研究なんてできないよね！」「論文読むのも子どもがいたらできないし」とさらっと言われ、あれ、もしや私だけではないのでは……と気づくに至ります。とくに、保育園児さんが家にいた時期、研究に割けるのは細切れの時間だけで

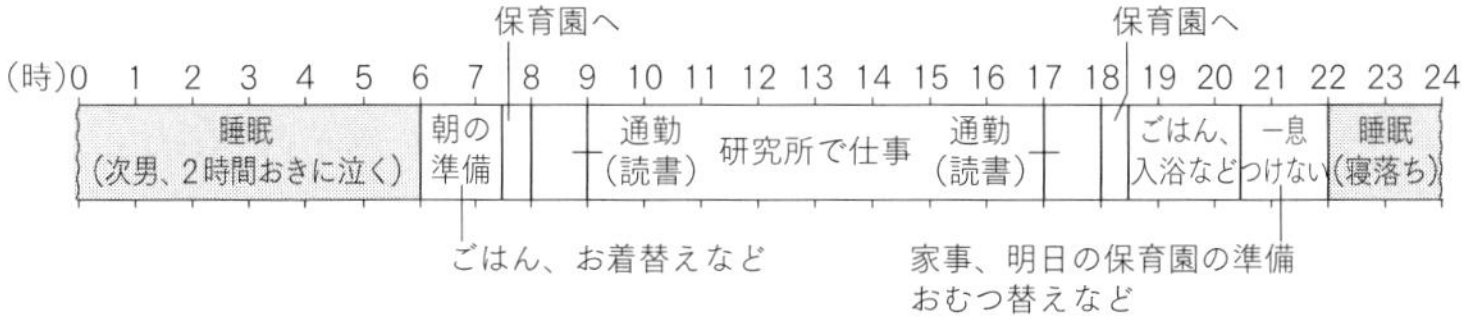

▲2007年当時の平日のスケジュール例。長男：保育園の3歳児クラス、次男：同・1歳児クラス、私：早稲田大学客員講師（専任扱い*1）

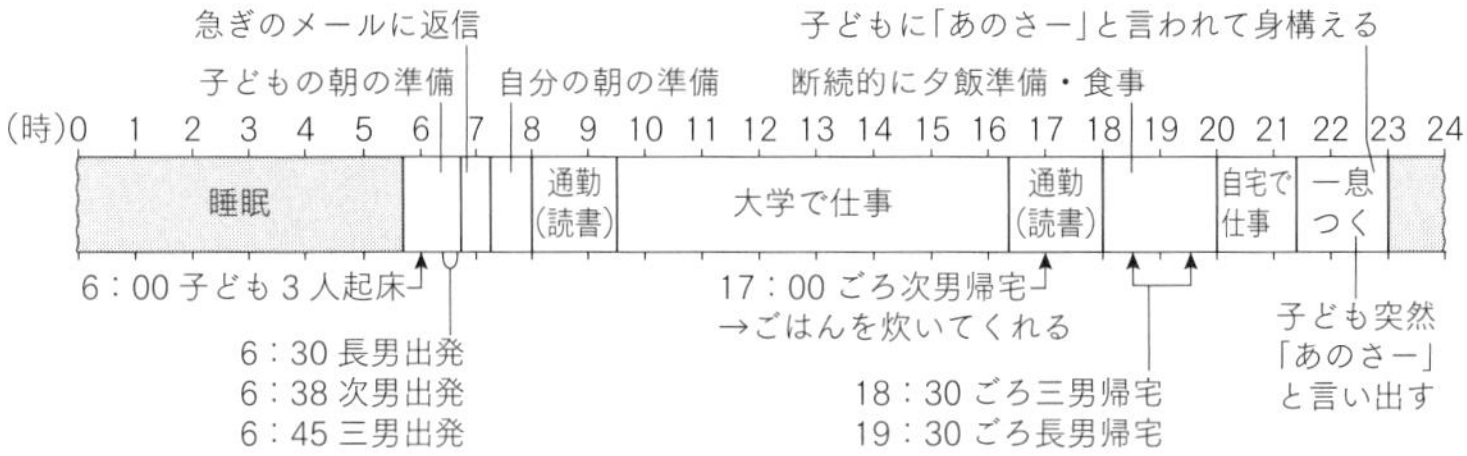

▲2023年2月、平日のスケジュール例。下は子どもたちの動向。長男：高3、次男：高1、三男：中1。

あり、通勤電車が唯一、じっくり本を読めるひとときでした。

保育園はなくてはならない存在でしたが、それだけでうまくいかないのは、子どもが体調を崩したときです。「熱を出しました」というお迎え要請があれば、どちらがお迎えに行くかを夫と交渉（駆け引き）し、すぐさま2駅先に住んでいる夫母のご予定をうかがい、2、3日出勤しなくてもいいように仕事を片づけるという、とにかく鍛えられる日々でした。

子どもが小中高生になって

子どもが小中高生になると、乳幼児さんの頃とはまたちがった大変さ・面白さがあります。夕飯が終わってから寝るまでの間、ゆっくりしよう……と思うのも束の間、子どもからの「あのさー」という声にぎくりとします。過去には「着衣泳があるからいらない靴を持ってこいって」（いらない靴などない）、

「データ持って行かなきゃいけないからUSBメモリちょうだい」(それクラウドにアップするんじゃダメなの?)のようなやりとりが繰り広げられてきました。先日は夕飯のあとに「明日、部活でお弁当いるんだって」とナチュラルに言われ、「だからあれほどお弁当がいるのでは? と2週間以上前から問うていたではないか……」と思いつつ、慌てて食材を確認した結果、やたらと卵焼き比率の高いお弁当を持たせる羽目になりました。

上2人がスマホを手に入れ、家族LINEが運用されるようになってからも状況はあまり変わりません。「これ、今日提出だった!」と、保護者のサインがいる提出物の画像がLINEで流れてきたりします。なぜもっと早く言わない! と思うのですが、コロナ禍で毎日行われるようになった健康チェック表に保護者印を押し忘れることも多々あり、どっちもどっちかもしれません。

両立にもがきながら

子育てというと、親が一方的に子どもを育てているように感じられるかもしれませんが、私にとっては自分が子どもや周囲に助けられる場面ばかりです。赤ちゃんだった末っ子が泣いていたとき、「オムツをかえてほしいんだって」「おなかがすいたって言ってるよ」と翻訳してくれたのは上の子たちでした。今では、一緒に買い物に行くと、すっと寄ってきて重い荷物をもってくれます。仕事で遅くなった日は、「飲む?」といって紅茶を茶葉から入れてくれました。今回は書けませんでしたが、保育園時代のママ友にも未だに助けられています(夫にも!)。

親は子どもや周囲に育てられながら親になるのだと痛感しながら、子どもの権利を研究しています。

「赤ちゃんのことを一番よくわかっているのは、赤ちゃん本人」という助産師さんの言葉がいつも頭の片隅にあります。

子どもがいても業績はたくさん！ のようなキラキラした話を期待していたみなさん、ごめんなさい。18〜13年ほど前に子どもを産んだ文系女性研究者が、研究と生活の両立にもがきながら、家族や周囲に支えられて日々をのりこえてきたお話でした。多くの女性研究者が経験してきたであろう妊娠・出産・子育てによる業績やキャリアの空白は、努力が足りなかったからではありません。子どもを育て、自分も子どもから育てられるというたいへんな状況でありながら、研究をあきらめなかったことの証だと思っています。

（2023年2月）

*1 「客員講師（専任扱い）」が正式名称。専任でも任期はあるというニュアンスが「扱い」に込められています。

安部芳絵 あべ・よしえ

1975年大分県別府市生まれ。早稲田大学助手・助教を経て、現在、工学院大学教授。博士（文学）。専門は教育学、子どもの権利条約。こども家庭審議会臨時委員、東京都子供・子育て会議委員。主著に『子どもの権利条約を学童保育に活かす』（高文研、2020年）など。中3・高3・大2の子ども3人と夫1人の5人家族。お米が1カ月で30キロなくなります。

波乱と混乱の生活記録
――3人の子を育てつつ

谷口ジョイ
静岡理工科大学

社会言語学の研究者です。消滅・衰退の危機にある言語(方言)の研究をしています。家族構成は、同じく大学教員の夫、子ども3人(23歳、15歳、14歳)、柴犬とヤギです。

生活する研究者の一日

時刻は夕方6時。まさに育児・家事のピークタイムに入らんとする時間帯である。しかし、会議が終わる気配はない。

私は時計を気にしつつ、全身から申し訳なさを放出し、会議室の後方扉へ急ぐ。心優しい同僚たちは、そんな私を笑顔で見送ってくれる。「夕食の準備があるのですね。いつもご苦労様です」という心の声まで聞こえてくるから不思議だ。これだけの信頼関係は一朝一夕では築くことができない。日々、丁寧にコミュニケーションを重ね、「こいつが会議にいてもいなくても特に実害はない」というポジションまで、自らを引き下げておく必要がある。

自宅までは高速道路を使って1時間ほどの距離だ。車内では、自ら収集した音声データを流していることが多い。研究の着想を得るのは、たいてい運転中だ。世界を震撼させるような画期的な研究が車輪の上で生み出される可能性があるかと思うと、大きな期待に胸が膨らむが、今のところ、鳴かず飛ばず、である。帰宅するとすでに7時。すぐに食卓につき、夫が作った夕食をいただく。賢い皆様はすでにお気づきだろうか。私が「食事の支度をせねば」というオーラを撒き散らしながら、重要な会議から逃げ出しているにもかかわらず、家に帰ったら夕飯が完成している、という矛盾に。しかし、些細なことはお気になさらず、読み進めていただきたい。

食事、入浴が済んだら、あとはふわふわの布団に包まれ、眠りにつくだけだ。最低限の家事を済ませ、家族の誰よりも早く就寝する。たいてい9時に寝て、起床は朝の3時。ここから2時間が私の研究時間だ。この時間帯は、静謐な環境の中、誰からも妨害されずに集中して仕事ができる「ゴールデンタイム」であり、人生を懸けて研究に取り組む私にとっては最も重要な時間とも言える。一分一秒も無駄にはできない。SNSを眺めているうちに、この貴重な時間の大部分を溶かしてしまうこともあるが、言語学者にとっては、ありとあらゆる媒体に表出する言語使用が研究対象となりうるので、ノープロブレムだ。

5時になったら子どもたちを叩き起こし、家事を済ませる。家事といっても、洗濯乾燥機、ロボット掃除機、食器乾燥機という三種の神器があるので、心配には及ばない。この間に夫は、家族の朝食と弁当を準備する。朝の我が家は一分一秒を争う戦場と化しており、我々夫婦は共に闘う戦友。ことばを交わすまでもなく、出発時刻まで、互いにやるべきことを爆速でこなしていく。6時、夫が丁寧にドリップしてくれたコーヒーを片手に家を出る。通勤時間は音楽を聴きながら、今日一日の予定を頭の中で反芻する。コーヒーの香りが車内に充満し、幸せなひと時である。研究室に到着すると7時。そこから夕方まで一心不乱に、授業や研究指導、会議などをこなし、冒頭に戻る、という毎日である。ここまで書いてみて、驚いた。特筆すべき内容が何ひとつない。

なぜこんなことに

なぜ「子どもが3人もいる」という無茶な状況で研究者になったのか、書いておかねばなるまい。私は30歳を過ぎてから研究者を志した。子どもが小学校に入学し、心身ともに余裕が生まれたこともあり、かねてから興味のあった言語学を学びたいと思ったからだ。

夫に「今から大学院に通うのはさすがに無理だよねえ?」と話すと、普段は何をするにも思い悩む夫が、なぜかその時は「歩いて通えるから東大がいい」と言い残し、自転車でどこかへ出かけて行ったと思ったら、過去問を入手して帰ってきた。半年の準備期間を経て、無事に大学院に合格したが、人生とは不思議なもので、大学院入学と同時に、夫の仕事の都合で静岡に転居することになってしまった。徒歩で通えるはずだった大学院には、新幹線で通うことになった。

さらに、修士1年目に第二子が、修士2年目には第三子が生まれ、気づけば三児の母となっていた。時の流れと自然に身を任せ、何の計画も立てずに生きていると、こういうことになるのだ。幸いにも強靭な気力と体力、夫の協力に支えられ、休学せず2年間で修士課程を修めることができたが、ヤンチャな小学生男子が走り回る部屋で、0歳と1歳の子らにタンデム授乳をしながらパソコンを叩いて仕上げた修士論文はそうそう存在しないだろう。内容はともかく、執筆環境には希少価値がある。

その後、運がいいのか悪いのか、博士論文を執筆する前に専任のポジションを得てしまった。そのため、フルタイムで働きつつ3人の子どもを育てつつ、博士論文を書くという真の地獄を経験し、命からがら博士号を取った時には41歳になっていた。このころの記憶は、ほとんどない。人間というものには、誠につらく苦しい時の記憶は脳から消去してしまうという生存戦略があるそうだ。

ちなみに、このころ、夫は毎週末、子どもたちを連れてあちこち、放浪の旅に出ていた。週末だけでも私が集中して博士論文が書けるように、との計らいだ。子どもたちは、週末になると父親と、近くへ、遠くへ泊まりがけで行ったことがとても楽しかったらしく、私に「もう一度博士論文を書いたらどうか」などと恐ろしい提案をしてくる。ちなみに、夫も当時の記憶を喪失しているらしい。

子連れで学位記授与式へ。

皆の者、続け！

続いて、先輩風をビュンビュン吹かせ、後進にアドバイスをする、などという分不相応なコーナーを設けたいと思う。

(1) 雑音はスルーしよう

小さな子を育てながら仕事をしていると、心ない言葉をかけられることがある。「旦那さんの収入だけじゃ暮らせないの？」「子どもよりお金が大事なのね」「仕事はいつでもできるけど、育児は今しかできないのよ」などなど、全て挙げていたら、この気軽なエッセイが六法全書並みのボリュームになってしまう。気にしないことだ。たいてい、こうした言動は嫉妬と妬みから来るものだから、気に病むことはない。

(2) 何度でも積み直そう

育児中は、同じ組織に所属する面々に迷惑をかける事案が生じる。子どもは熱を出すし、手足口病になるし、インフルエンザになるし、小学校に上がり、感染病が流行れば「学級閉鎖」などという真夏の怪談話よりも恐ろしい事態が待ち受けている。その度に休みをとることになるので、職場では常に申し訳なさそうに下を向き、すみっコぐらしを敢行せねばならない。しかし、子を育てながら働く、というのは、今や崩れんとする積み木の塔のようなもの。一つでもピースが外れたら、脆く崩れ落ちるのが必然だ。崩れたら、また積み上げればいい。たとえ職場での信頼関係が失われても、回復のチャンスはいくらでもある。私のように最初からそんなものを築き上げなければ、崩れる心配もないので、お勧めだが、これは上級者向けのストラテジーだ。

(3) 苦手なことは人にやらせよう／やっていただこう

時短を考える上で、最も重要なことである。例えば、料理。私は壊滅的に料理ができない。婚約中、「少しは女性らしいところを見せておくか」などと血迷った考えに駆られ、夫にハンバーグを作ってみたものの、焦げた上にぐちゃぐちゃになり、途方に暮れたことがある。夫は「どこに出しても恥ずかしいハンバーグをありがとう」と言いながら完食したが、すでにその時、自身が炊事を担当する運命にあることを悟っていたはずだ。研究も然り。プログラミングや数値計算プラットフォーム、テキストベースの組版処理の活用など、私が苦手な作業は共同研究者が一手に引き受けてくださっている。

絶え間ない努力によって苦手なことを克服するのは崇高な行為だが、何も子育て中にやらなくてもよい。得意な人にお任せしよう。

(4) 競争はやめよう

どの分野にも、次から次へと輝かしい業績を叩き出す研究者がいるが、決して視界に入れてはいけない。万が一、目に入ってしまったら、幻影だと思おう。私は、あまりにも長く大学院に在籍していたため、指導教員が次々と退官し、何度も里子に出された結果、指導らしい指導を受けることができなかった。しかし、二番目の指導教員は「周囲が破竹の勢いで論文を出していても気に病んではいけない。あなたは3人の子どもの母親だ。家事や育児の任務を負わない人と同じ土俵で戦おうとすること自体、狂気じみている。競争心はかなぐり捨てなさい」というご助言をくださった。今でも感謝している。子どもがだいぶ成長した今でも、この金言を盾に、書きかけの論文を放置していることは伏せておくべきだが、正直者なので、うっかり書いてしまった。

嵐のあと

嵐の渦中にいる時には、無我夢中で一日、一日を生き延びるのに精一杯であった。

最も難儀したのは、なんといっても乳児期だ。母乳生産中の母親の体というのは、乳飲み子と長時間離れるようには設計されていない。よって数時間母乳が消費されないと、体内の母乳工場は設備異常を起こすことになる。生産部位は高温になり、硬度が増し、鉄アレイで断続的に殴られているかのような痛みへと変わる。私は目に涙を浮かべながら、人目につかず、かつ母乳を処分できる場所（＝

トイレ)へと駆け込み、激しい痛みに耐えながら搾乳するのであった。先述のように、大学院へは新幹線で通っていたので、新幹線のトイレで搾乳するのが日課となっていた。一度、鍵を閉め忘れ、若いサラリーマン男性に目撃されてしまったことがある。あの時の男性の悲痛な表情が忘れられない。トラウマになっていないことを祈るばかりである。

何の話だったか。そうそう、研究者にとって授乳期間というのは悪夢そのものである、ということだ(※個人の感想です)。このように、幼い子らを育てながら研究活動をしていた頃は、気も狂わんばかりの壮絶な日々であったのに、ほとんど思い出せなくなっている。目に浮かぶのは、愛嬌まみれの子どもたちの姿だけだ。今、第一子は家を出て、働いている。第二子、第三子も中学生になり、それぞれの世界で生きている。もう子どもたちを職場に連れて行き、研究室に軟禁しておく、などということをしなくてもよい。海外で開催される学会に参加するため、子ども3人を20時間近く飛行機に乗せ(当然ながら自費)、神経をすり減らすなどということも二度とない。ベビーカーに1人乗せ、抱っこ紐に1人くくりつけ、長子とは手をつなぎ、新幹線、在来線を乗り継いでフィールドワークに行く必要もなくなった。

こうして書き綴ってみると、我が家の嵐はとうに過ぎ去ったのだと感慨深い。しかし、なぜだろう。あの狂乱の日々がふと恋しくなる。幼い子を学会に連れて来ている研究者の方を見ると、羨望の情を禁じ得ないほどだ。あの時間は、もう二度と戻らない。

(2023年10月)

谷口ジョイ　たにぐち・じょい

1976年生まれ。米カリフォルニア州出身。梨花女子大学校(韓国)言語教育院講師、国立マラヤ大学講師(マレーシア)、静岡英和学院大学人間社会学部准教授を経て、静岡理工科大学情報学部准教授。2021年より東京外国語大学 アジア・アフリカ言語文化研究所共同研究員、2023年より国立国語研究所「消滅危機言語の保存研究」共同研究プロジェクト共同研究員を兼任。学術博士(東京大学大学院 総合文化研究科 言語情報科学専攻)。

50代半ばの大学教授の平凡な一日

白木賢太郎
筑波大学

50代半ばのタンパク質溶液の研究者で、筑波大学の教授です。タンパク質の研究テーマは、生化学や構造生物学、生物物理学、分子生物学など多くの分野と関係し、2022年にはAlphaFoldという人工知能が、2億種類ある既存のタンパク質の構造を解明したりしてきましたが、「溶液状態」としてのタンパク質はまだわからないことが多く、これに興味をもって研究しています。例えば、卵白をゆでると固まるというようなありふれた現象でさえ、現代のタンパク質科学者はきちんと説明できません。

私と家族のこれまで

結婚したのは私が博士課程に進学した25歳の時で、子どもを授かった30歳の時に、妻は会社を辞めて専業主婦になりました。私の異動にあわせて、家族は大阪府から石川県、茨城県と引っ越しをして、2人目の子どもが小学校高学年になったときに、妻は新しい仕事を始めました。家族は妻と子ども2人の4人です。現在、上の娘は大学生として一人暮らしをしており、下の息子も一人暮らしを始める予定です。妻は高校の非常勤の教員で、週4回ほど高校で理科の授業を受け持っています。このような夫婦の形は、私たちの世代では多かったと思います。

日常の家事の分担としては、私は単純な仕事を引き受けています。私の日々の担当は朝晩の食器洗いと、夜の洗濯であり、妻は食事の用意と掃除、食品などの買い物です。家の中の仕事では、妻の方が時間的に2倍は働いていると思います。私が担当している食器洗いや洗濯というのはそう難しくなく、やればやった分だけ着実に仕事が進みます。職場でどうやっても前に進まないような難しい仕事に疲れて帰った日などは、家でのこういう仕事がいい息抜きになっています。

平日のルーチンは朝輪とラーメン

月曜日から金曜日までの朝9時から、学生たちと論文を読んでいます。朝輪《あさりん》と名づけているもので、毎朝1本の論文を共読しながら読み切ることを基本としています。今後やってみたい新しいテーマや、最近の大きな発見、共同研究に関する実験手法など、さまざまなテーマで一緒に勉強します。この時間は、いくつかあるルーチンの中でも最重要です。その後に学生と実験の進捗について話をしたりして、10時半には居室に戻ります。

昼食は一人で外に出て、10カ所ほどある行きつけのラーメン屋のどこかに行きます。一人で外に出て好きなものを食べる時間は重要で、「どれだけ辛いことがあっても最大24時間後にはまた美味しいラーメンが食べられる」という考え方をすると、メンタルの支えになります。

平日は普通の大学教授の業務として、会議や講義があり、入試や卒業に関する仕事や、事務的なさまざまな手続き、論文の査読、学生とのディスカッションなどがあります。組織長になることも増えており、会議は出席するだけではなく資料の準備もありますから、かなり負担になっています。また、共同研究している多くの企業とのミーティングの時間や、それに関する仕事もあります。講演も年20回くらいはやっているでしょうか。講演依頼も丁寧にメールが来ますから、丁寧に返事をし、大学に届けを出したり、帰ってきたら名刺交換をした方々から連絡が来るのでそれらに対応したりしていると、時間はあっという間に溶けていきます。こうして、忙しいような何もしていないような感じで一日が終わるような日もあります。

夜は、19時台には家に帰るように心がけています。息子も不在であることが増え、妻と2人で夕食をとります。洗濯と洗い物を済ませて30分間の散歩に出かけ、風呂に入れば22時です。薄いハイボールを作り、本を読んだりドラクエウォークのレベル上げをしたりしていると眠たくなりますので寝ます。最近は明け方に目を覚ましたりすることも増えて、睡眠の質が下がっています。

休日は執筆、平日とは切り分けた時間

私は書くのが好きで、論文や解説、科学エッセイなどを年に40本くらいは書いています(写真)。しかし、平日の昼間に落ち着いて原稿を書く時間をとることは、理工系の大学教授にとってほぼ不可能です。それで、土日に書き物をするようにしています。土日には大学のメールなども読みませんし、会議や事務などの仕事もしません。家のパソコンは大学のメールも設定しておらず、Garoonなどの大学のグループウェアにも接続できません。きちんと棲み分けをするようにしています。

執筆というのはそれだけで成り立たない作業です。実際には机の前に座る時間と同じくらい、散歩をしたり本を読んだりコーヒーを飲んだりする時間が必要です。最近は土日のうち一日は、電車やクルマで出かけられる距離にある、いくつかの秘密の場所で書いたりしています。日帰りのプチ・ワーケーションで気分転換をしています。このような執筆時間も仕事とみなせば、何年ものあいだ一日も休んでいないことになります。

妻も休日は、高校の教員としての仕事に関する教科書や資料を読んでいたり、または最近通い出した通信制大学の課題をしていたり、家の用事としてパンを焼いたり冷凍用のおかずを作ったり、または庭で野菜を育てたり、風呂やトイレを隅々まで掃除したりしています。かなり働き者で、じっとしていることはありません。2人とも家にいるときには夫婦で昼食と夕食をとりますが、それ以外の時間はそれぞれが別々に過ごしている感じになります。

休日に夫婦で出かけるのは、最近ではショッピングモールに食材などを買いに行く程度です。家族で市民プールや海水浴場などに出かけていたのは、子どもが小学生のころまでです。

夫婦の会話はそれほど多くはないですが、夕食を食べながら、今日はどういうことをしたか、明日の予定はどうかなどを話したりします。あとは、ご飯が美味しいとか、明日は雨の予報だとか、来週は出張があるとか、そういう話くらいです。夕食のときに息子がいない日は、

1年間に書いた原稿など。印刷して並べてみると10畳の部屋ひとつ分くらいある。

子どもの噂話をしたり、あるいは高齢になってきたそれぞれの親の話をしたりすることもあります。

晩年に向けて

私の一つ前の世代を想像してみると、私の両親は昔ながらの男女としての役割分担をしていました。父は朝から夜まで仕事をしており、帰ってくると長椅子に寝転び、タバコを吸いながらテレビを見て、淹れてもらったお茶を飲み、ネコを撫でて、風呂が沸けば入り、布団くらいは自分で広げたかもしれませんが、家事は一切していませんでした。これがこの世代のよくある夫婦の形だったと思います。一方で、私たちより一世代若い夫婦は、本当の男女共同参画社会に向けて努力をされているところです。

私たちの世代は、ちょうど移行期に当たると思います。そのため、同世代の男性には家事を一切していない人もたくさんいると思います。私の場合、朝晩の食器洗いと洗濯を長年担当していて、分量的には一日一時間くらいのものですが、家の中にも明確な役割があるのはいいことだと思っています。時間のかかるルーチンな作業を引き受け、それ以外の難しいことは妻に任せるという形です。フルタイムで仕事をしていて家事を全くしていない中高年の男性が、もし明日から家事を始めてみようと思うのであれば、このあたりからスタートするのはよいかもしれません。やったらやっただけ片づきますし、単純仕事なので失敗も少なく、家族にも喜ばれ、体も適度に動かせますし、悪いことは何もないと思います。

50代も半ばにさしかかると、衰えは確実に感じます。学生から昨日聞いた話を忘れていたり、こってりしたラーメンを食べると翌日に響いたり、メガネ屋でどれだけ度を調整してもらってもクリアに見えなかったりしますし、痛風が出たり、奥歯が染みたり、朝起きると左肘に違和感があったりします。

精神的にも衰えてきたのか、子どもが小さかったころのことをよく思い出します。娘は上野こども遊園地[*1]に行くのが好きでした。とても賢い子で、いろいろと心配していました。例えば、5枚綴りで買う乗り物のチケットの最後1枚が足らなくなるのではと心配しながら、その心配を父親に伝えることもできず、ちょっと困った笑顔をしているのを思い出して切ない気持ちになります。息子はたくさんの食物アレルギーをもって生まれてきました。小さいころは大変で、小麦や乳製品や魚介類などのほか、農薬や洗剤にも反応し、家族でレストランに行っても水すらも飲めないという状況でした。生きていく根源を否定されるような経験をして育ってきたわけですが、それがどれくらい心を傷つけてきたのだろうかと、ペンケースに入れた息子の写真を見ながらいつも思い出します。今では2人とも、自立して生活できるまでに成長してくれました。

研究に関しても似ていて、定年までに何をすべきかという見方でこれまでの成果を振り返ることが増えています。冒頭に挙げたようなゆで卵の話では、卵白の溶液にアミノ酸の一種のアルギニンを加えておくと固まらなくなります。こういう結果は、バイオ医薬品の安定化や、美容品の溶解性、食材の状態の制御などいろいろと使い道があるのですが、そうした多様な見方ができるような解説記事や教科書などをまとめていくのが、今後の仕事だろうと思っています。

（2023年8月）

＊1　恩賜上野動物園（東京都台東区）の正門前にあった小規模遊園地。2016年8月閉園。

白木賢太郎　しらき・けんたろう
1970年生まれ。筑波大学数理物質系教授。専門はタンパク質溶液。大阪大学で博士号を取得後、北陸先端科学技術大学院大学を経て2004年から筑波大学。近著に『相分離生物学の冒険』（みすず書房、2023年）。

3

〈インタビュー〉
巣立ちのあとで
——育児編Ⅲ

「人それぞれ」の国、アメリカでの子育て
――村山斉さんに聞く

本章は、育児がひと段落した方々へのインタビューです。第一弾は村山斉さん。村山さんの数々の著書の「あとがき」にはしばしば、ご家族への感謝(や懺悔)の念が述べられています。「村山先生はかなり家事・育児にコミットされていたらしい」との噂も聞きつけ、育児をされていた当時のお話をうかがいました。

(聞き手=編集部)

素粒子物理学の研究者です。1995年からカリフォルニア大学バークレー校で教鞭をとり、2007年から2018年までは東京大学カブリ数物連携宇宙研究機構(Kavli IPMU)の機構長も兼務して、日米を行き来する生活でした。3人の子どもたちはすでに成人しています。

時には夜にマドレーヌを

――育児と研究、どのようにやってこられたのでしょうか。

自分が他の人と比べて、そんなに育児にコミットしていたかどうかはわかりません。ただ、子どもは3人いて、一番上と二番目が1歳半違い、二番目とその下が2歳半違い――つまり、全員が4年間の中に入っているので、小さいときはけっこう大変でした。外に遊びに連れていくと、親が2人いても、3人が違う方向に行ったら捕まえられないですから(笑)。

自分としては別に普通だと思っていましたが、毎晩寝る前に本を読んであげたり、自転車で一緒に走ってきたり、そういうことはしていました。もともと私には9歳下の妹がいて、子どものころから、おむつを替えたり、哺乳瓶でミルクをあげたりしていました。それがあったせいか、あまり抵抗なく子どもたちの相手をしていた気がします。自分にできないことを無理矢理やっていたという感じではないのです。

育児に時間をとられて葛藤するようなことは、とくに子どもが小さかったころは、あまりなかったです。当時はまだ、大学でも助教授や准教授で、責任がそんなに多くありませんでした。おそらくアメリカの大学は、日本と比べて会議も多くないので、昼間は本当に研究できるのです。それに、だいたいみんな、夕方の5時か6時には帰ります。がらんとして、誰もいなくなってしまう。むしろ、帰らないほうが不自然な感じです。で、家に帰ったら子どもがいるから、自然に私も一緒にいる。そんな感じだったと思います。

妻は音楽を学び、長い間ピアノの先生とかをしていて、一番多かった時期には50人くらい生徒がいました。昼から夕方にかけてずっとレッスン、とか……。そんな感じでしたから、子どもが小さいころから、食事づくりは私も週2回くらいしていました。夜になって突然子どもが「そういえば、明日はクラスにお菓子を持って行く当番だった」なんて言い出して、しょうがないから、私がマドレーヌを焼いたりして(笑)。

アメリカでもやはり、日本ほどではないにせよ、女性のほうが家の負担が多くなりがちというのは事実だと思います。ただ、周りはどうあれ、それぞれの家庭が一番いいやり方を採用している、という感じです。家庭ごとの独立性が高い。アメリカは開拓地ということもあって、「助け合うのが家族」という意識が強いのかもしれません。

やり方は本当に家庭ごとに違っていて、前に住んでいたところの隣の夫婦は、ごはんをお父さんがいつも作っていましたし、子どもの行っていた学校では、主夫の家庭もありました。自分もそんなスタイルに、感化された部分はあると思います。

運転手役、見張り役

子どもたちの小学校は公立でした。アメリカの公立学校は、予算が少ないのです。遠足とかに行く予算もなかった。

ではどうするかというと、先生が保護者に紙を配って、保護者に、運転してくれと頼むのです。それで、遠足のための運転手というのを何度もやりました。

それから、アメリカの子どもは日本の子どもみたいに行儀がよくないので、コンピュータや理科の時間に、ちゃんと先生のいうことを聞いて授業に参加させるためのボランティアもやっていました。子どもを見張るための役です。

——教える側ではなくて、見張る側……(笑)。

そういうことをするのが、当たり前な感じでした。

日本だったらボランティアというと「みんな同じだけ割り振らなきゃいけない」と義務的になると思いますが、アメリカでは各家庭の事情が違うから、やりたい人がやればいい、やれない人はしょうがないよね、という考え方なのです。だから、あまりプレッシャーがあるわけでもないのですが、予算がなくて先生の手が足りていないこともみんな知っているので、子どものためには手伝わなきゃいけないかなあと、行ける人は行くわけです。

本当に大変だったころ

——自然体で、育児と研究を両立されていたのですね。

ただ、明らかに大変だった時期もありました。

あるとき私が、プリンストン大学から1年サバティカルに来ないかといわれて、行ったことがあります。すると妻のほうは、自分のもっていた生徒をみんな誰かに渡さなきゃいけない。そして、帰ってきたらゼロからやり直しになってしまいます。

そのときに彼女は一念発起して、「自分は昔からパイプオルガンが好きだったから、それを勉強したい」、「プリンストンにいる間に学校に通った後、バークレーに戻ってくるときに、San Francisco Observatory の大学院に入学する」と。そして本当に、プリンストンから帰った後の2年間、大学院に通っていました。その2年間は本当に大変でした。

アメリカは日本とちがって、子どもが勝手に公共交通機関を使って習い事に行ったりできません。みんな、車で送り迎えしなきゃいけないのです。

3人いて、三者三様、違うところに行くので、学校が終わる時間の3時くらいから、分刻みのスケジュールです。まずどこに行って、その間にお菓子を買って、次にあそこに行って、行ったり来たりしている合間のわずかな時間にパッとごはんを作って食べさせて、みたいな……。

こんな感じの生活が2年間続きました。学校が終わってから、4～5時間ずっと運転しているわけですし、食事作りもほぼ全部やっていましたから、本当に研究時間が減って、毎年の論文の数は半分になりました。でも、妻にはプリンストンについてきてもらったので、これはやらざるを得ませんでした。良し悪しではありますが、子どもと接する時間は増えました。

ちなみに送り迎えは、子どもが高校を出て、自分で車を運転できるようになるまで続きます。学校や習い事だけではなくて、「デートに行くから送ってくれ」とかいうことも。すると後で、その迎えにも行かなきゃいけない(笑)。

――そうしたご経験が、研究に何かプラスになった面はありましたか？

特にありません。全然別物でしたね。

ただ、車の運転中に考えるのは危ないですが(笑)、運転の合間に考えて、何かわかったりすることはありました。その意味で、専門が理論というのは、ありがたかったかもしれません。

ザ・市場原理の世界

――他に、アメリカならではの大変さはありましたか。

アメリカでは、なんでもお金がかかりますね。お金がないと難しい国だと思います。公立学校も日本に比べて地域の差が遥かにすごい。いい学校に行かせたいと思うと、私立学校に入れるか、いいところに住むかなんです。たとえばカリフォルニア州では、10点満点で各公立学校の得点が公表されていて、点が高い学校がある地域は、あきらかに不動産の価格が高い。

私が住んでいるところは、小学校は10点満点の地域でした。でも中学校になると、3点になる。そこで、親としては悩むわけです。仕方がないから、高いお金を出して私立に入れるのか、もしくは公立学校がいい地域に引っ越すのか。引っ越そうとすると、これがまた高い。

そこで計算してみたら、3人の子どもを私立に入れるのと、引っ越して公立に入れるのと、金銭的にはほとんど同じなんです。市場原理ってこういうものか、と思いました。

結局、私立に入れました。しかも、私立学校は兄弟姉妹を歓迎するので、一番上の子が入ると、2人目も一緒に入れてもらえて。そうすると、近くからスクールバスが出ていたので、送り迎えも少し楽になって、それは助かりました。もっとも、スクールバスも有料なのですが……。

あとは、日本は行政がなにかと面倒をみてくれますが、アメリカは完全に逆で、自分で全部やらないと、誰も面倒をみてくれません。たとえば、小学校に入学するのに先立って、日本だったら地方自治体から連絡があるでしょう。でもアメリカでは連絡はなく、自分で登録に行かなきゃいけない。登録に行かないと、地元の学校でも、もういっぱいになったから入れないとか言われたり……。そういう厳しさはあると思います。

「あのころ」を振り返る

いま子育ての時期を振り返ると、いろいろやっていたつもりではありますが、もっとできたかな、と思うこともあります。

Kavli IPMUの仕事を始めた後は、日本にしょっちゅう行かなくてはいけなくて、アメリカの家には不在のことが多かったです。そのときはむしろ、家族にずいぶん負担をかけたと思います。もちろん行事があるときはなるべく行こうとか、努力はするのですが、完全にはうまくいきませんでした。

そのころ、子どもたちはちょうどティーンエイジャーです。だんだん深い話をするようになるはずなのに、あまりできなかったなと思います。時々、アメリカに帰国するときに話をしようと思っても、途中が途切れているので……。

なんにせよ、特に子どもが小さいときって、かわいいじゃないですか。その時期はもう永遠に戻ってこないので、やっぱり、できるだけ、一緒にできることはしたらいいと思います。私も、もっとできたらよかった、と思います。育児の真っただ中だと、どうしても「大変」というのが先にきてしまうと思いますが……。

――ありがとうございました。

（2024年1月）

村山斉　むらやま・ひとし

1964年生まれ。東京大学大学院理学系研究科物理学専攻博士課程修了。理学博士。専門は素粒子物理学。東北大学助手、カリフォルニア大学バークレー校物理学科助教授・准教授などを経て、2000年より同大学物理学科 MacAdams 冠教授。2007〜2018年、東京大学カブリ数物連携宇宙研究機構（Kavli IPMU）初代機構長を兼務。一代で機構の恒久化を実現し、その功績から2019年東京大学特別教授の栄誉を受けた。『宇宙はなぜ美しいのか』（幻冬舎、2021年）など一般向け著書も多数。

「仕事より家族が大事」であっていい
——田島節子さんに聞く

本書の準備中、編集部は偶然、育児真っただ中の若手研究者であった田島節子さんによる「物理学者は女性がお嫌い？」[*1]という文章を目にし、その鋭さに圧倒されました。執筆から30年以上をへて、日本物理学会会長も務められた著者の田島さんに、これまでの道のりや、仕事と生活の両立に悩む世代へのメッセージをうかがいました。

（聞き手＝編集部）

高温超伝導の研究者です。財団法人国際超電導産業技術研究センター超電導工学研究所などをへて、２０２０年３月に大阪大学を定年退職しました。２人の息子はすでに巣立ち、いまは夫と２人暮らしです。

「物理学科もダメ」と言われて

ちょっと特殊な家庭環境で育ちました。両親は、同世代の人の中でもとても保守的な考え方で。父親は私が高学歴になることに反対しましたし、大学合格が決まったときにも、大学院はダメ、理学部の物理学科もダメって言われたんです。

――それで工学部と……。

そうなんですよ、そこで隙間をぬって、工学部物理工学科ならいいか、みたいな(笑)。妥協案みたいな感じで進学しました。

専業主婦の母親がいて、モーレツ会社員の父親がいて、男女の役割分担がものすごくはっきりした家庭でした。それが社会をうまく回す仕組みだというふうに、両親は堅く信じていたわけです。女の子は早く結婚して家庭をもつのが一番幸せであると。高学歴だとか、大学院に行くだとか、結婚の邪魔になる要素には全部反対されていました。

大学生にもなればもう大人なんだから、親から独立しろ、と私は学生には言っていましたが、実際の話、親と同居していて、親の意向に背いていろんなことをするのはものすごく難しい。家出してまで自分の希望を貫くほどの覚悟もなく、結局は親の言う通り、大学院には行かず、大学4年で卒業して就職しました。

ちなみに、まだ男女雇用機会均等法がなかったので、大卒の女性は就職先がないという時代です。たまたまオイルショックの年に当たったこともありますが、男子学生にはいっぱいダイレクトメールが来るものの、私のところには一つも来ないという状況で、正規のルートでの就職先は皆無で、裏口から、先生の口利きで送り出してもらったという感じでした。

そんな社会情勢でしたから、今とは全然違うとは思います。同じ学歴でも、入社したときの給料は、男子学生より1割安かったです。私の3年後はたぶんよくなっていて、ちょうどギリギリの、境目のころだったのです。

時給500円のパート

そして、結婚しないと親から自由になれないという緊急事態だったので(笑)、私が物理を好きだということを理解してくれる伴侶と結婚しました。

ただし、その時に夫は、ドイツに留学することが決まっていました。1年間休職させてくれと会社に申し出たけれども、そういうことをよく思わない人たちが会社の中には一部いて、社内で相当もめたらしいのですが、最終的には、私のごく側にいて応援をしてくれた上司の方が「これは非常に雰囲気が悪いので、あまりここで頑張らないほうが、あなたの将来にとっていいかもしれない」とアドバイスしてくれて。それでやむなく依願退職をして、ドイツに行き、1年で日本に戻ってきました。ちなみにドイツでは、大学時代の指導教員の紹介で、知り合いの研究室に研究生として入れてもらい、1年間、実験研究をさせてもらいました。

日本に戻ってからは、完全に無職、専業主婦です。子どももいつ生まれるかわからないので、就活もできません。それで困ったなとなって、先ほどの元指導教員の先生のところを「先生、暇なんです」と言って訪ねました。

すると、そこの研究室のセミナーに参加したらどうかと言われて、聴講生みたいな形で参加させていただくことになりました。といっても、やっぱり何の身分もない人が大学構内をウロウロしているのはよくないということで、半年間授業料を払って研究生になり、TAのアルバイトみたいなのをさせてもらいました。TAになる直前には長男が生まれ、大学に行く日だけ実家の母に来てもらって赤ん坊をみてもらいました。

その後、じゃあ今度は、お金を払うんじゃなくて、もらうほうの立場にしてやると。技術補佐員という身分で、時給500円ぐらいの、パートのおばさんの実験版です。「こんなことやってみたら?」と提案されたテーマで、実験をやりました。そのうち2人目が生まれました。このころは、週2日か3日大学に行って実験をやる、その時間だけ私の母に来てもらって、子どもの面倒をみてもらうという生活でした。

――お子さんを保育園に預けたりはされなかったのですか。

研究室の助教授の先生が、のちにJST(科学技術振興機構)の理事長をされた故・北澤宏一先生で、共働きの方でした。2人目の子が生まれたころ、その先生から「僕たちは子どもを保育園に預けてる、君も預けたらいいんだよ」と言われて。

私にはその経験がなかったので、入れるにもどうしていいかわからないし、入れるかどうかもわからないし……と思っていたら、「僕が推薦書書いてあげる」とかなんとか言って。もちろんそんなのは全然有効じゃなかったですけど。有効だったら問題ですよね(笑)。でもとにかく、一生懸命勧めてくださった。それで、上の子どもが2歳になったときに、保育園に入れました。私としてはすごい決断でした。

そこで、研究室で実験する週3日だけ保育園に預けて、その日は夫の母と私の母と、それから研究室の教授の秘書さん——週3日しか来ていないので、残りの2日が空いているということで——その3人に、交代で保育園からの迎えを頼んでいました。

もう、使えるものは何でも使おうと。これも助教授の先生の入れ知恵で、「気持ちの問題とかはなかなか解決が難しいけれども、お金で解決できるところは全部お金で解決したらいい」と。そうだなと思って。保育料やベビーシッター代で、給料が全部吹き飛んでもいいと思いました。もちろん、私の場合は生活費を稼ぐための仕事ではなくて、夫の収入で生活できるだけの基盤があったので、こんなことを言えるのですが。

いま振り返っても、実は、この時給500円のパートのおばさん状態のときが一番楽しかったのです。時間は本当にありませんでしたが、論文を書かなきゃいけないという義務もないし、何の束縛もないし、出世なんて、そもそもできると思っていませんから。

いくつもの岐路

そうこうしているうちに、教授が定年で辞める2年前になって、研究室のスタッフの方々がみんなそれぞれご栄転されて、とうとうゼロになってしまった。誰か助手を探さなきゃいけないものの、2年の期限付きだと誰もなる人がいなかったので、お前ちょうどいいやっていう感じで、なりなさいと。そこで、まぁ私はどのみち正規の職員じゃないですから、別にいいですよ、という感じで引き受けました。でも1年経った段階で、今度は工学部長付きの講師になれと言われて。留学生相手のポストでした。

学位を取ったのは、この助手〜講師のころです。そもそも、大学院も出ていないのに、学位を取るなんて一度も考えたことはなかったのですが、研究はしていたので、「論文を書いたらどうか」と教授の先生に言われて、論文を1報、2報と出しているうちに、これで学位が取れるんじゃないかと、先生が思われたようです。学位論文を書いたらどうか、と勧められました。学科試験と第二外国語の試験、そして論文審査を通過すればいいということでした。結局、学科試験は省略され、第二外国語のドイツ語の試験は、1年間ドイツに行っていたので楽勝で(笑)、無事に学位を取得しました。

とはいえ、工学部の講師になると、その任期が2年で切れたときにはもう教授は定年で辞められた後ですし、戻るところがなくなって、もう大学を辞めざるをえなくなった。そこで、その教授が主導して作られた財団法人の研究所(超電導工学研究所)に移りました。上の子が小学1年生、下の子が4歳のころです。

仕方なく移った研究所ではあったのですが、結果的には、移ってよかったと思います。完全に時間がフリーだったからです。大学にいれば授業があるし、学生さんの面倒も見なくちゃいけないし、いろいろ制約があって、研究できる時間はごく限られています。でも、その研究所は研究をするための場ですから、月に1回ミーティングがある以外は、全部、自分の研究に時間を使えました。

誰かと共同研究しているわけでもなく、全部自分一人で実験をしていましたから、スローペースでやろうが何しようがかまわない。子どもが熱を出して保育園からお呼びがかかったら、休みをとって迎えに行っても、誰にも迷惑がかかりません。研究のテーマも自由です。結局、ここに15年半いました。

――ずっと基礎研究を?

そうなんです。高温超伝導で新しい物質が発見された直後に、主要45社が1億円ずつ出資して作った研究所なんですが、何に応用できるかがわかっていなかった。物質はいろいろあっても、どれをどこにどう使ったらいいかがわからなかった。電線か、デバイスか、その他にもいろんな応用の可能性があって、それを網羅的にサーチするために、いろんな分野の研究者がいたんです。そんな中で、基礎研究をやっていないと応用の展開もできないということで、基礎研究の部門はずっと残されていました。

もっとも、応用がメインの研究所であることは確かで、最後はだんだんいづらくなって、それで出たというのはありますが……。50歳に近づいたころ、子どもたち2人が大学生になって家を出て、夫は名古屋へ単身赴任になりました。東京に私が1人残っている理由はなくなって、晴れて次の職探しを開始して、2004年、大阪大学に移りました。

「お父さんのコピー」をつくってしまった

――家のことは、お連れ合いとも分担されていたのですか。

パートナーは、電気会社の研究職です。昔はもう、めっちゃくちゃブラックでした。朝7時過ぎには家を出て、8時半勤務開始で、夜10時ぐらいまで仕事するという……。

すると、子どもがいても、家のことはもう全部私がやるしかない。手伝ってもらう余地なんてないんですよね。不平等ですが、毎日の生活を見ていると、頼めないなと。今でも不平等なんですけどね。父と似たような感じの人だったので、定年になっても、残念ながら家事は全然手伝ってもらえません。

——ストレスが溜まることはなかったですか。

それはありましたよ。だから、ずいぶん喧嘩しました。夫の毎日の生活タイムスケジュールは十分承知してるけれども、土日はもう少しなんとかならないか、とか。私がようやく子どもを寝かしつけてさあ仕事っていうときに夫が帰ってくると、またご飯を作らなくちゃいけないし、早い時間にご飯を食べたら食べたで、それからコーヒー飲みたいとか、お茶飲みたいとか。そういうことの対応をさせられていると、だんだんストレスになります。

子どもが少し大きくなって、2人の子と夫が3人バラバラに帰ってきたりすると、そのつどご飯を温め直したりして、夕飯を3回作るような感じになって、いつまでたっても私は自分のことができない。そういうときには、毎日10時過ぎるんだったら会社で食べてきてくれないか、食堂もあるんだから、と言ったり……。そういう細々したことはたくさんありました。

だから、結婚するときにはよくよく考えて相手を選ばなきゃいけないっていうのはそうなんですが(笑)、すべてを満たすことを相手に求めても無理なんだと、私は半ば諦めているところがありました。人生を送る上で何が一番大事かというと、たとえば私の場合、物理が好きだっていうことを理解してくれる人じゃないと、とても一緒には暮らせない。でも、まぁ家事を手伝わないくらいだったら、私が何とかすれば……と思ってしまう。

子どもにも、手伝わせようと思ったのですが、教えるのに時間がかかるので、私がやったほうが早いと思ってしまって。男の子2人、もう少し家事ができるように教育したかったのですが、うまくいきませんでした。結局、お父さんのコピーみたいなのができちゃって(苦笑)。私が苦労しているのは見ているので、2人には、奥さんを手伝わなきゃいけないっていう気持ちだけは一応あるみたいで、今は夫よりはましな旦那さんをやっていますが、でも、お料理は作れませんね……。

「その先」のはるかな道のり

今の方たちはもう少し自由に、自分の気持ちにそった選択ができるんじゃないかなと思います。それでも、社会全体のものの考え方は、基本的にあまり変わっていないかもしれません。「やっぱり女性が家事育児」という考え方をもつ、若い世代の男性も多いですよね。

それから、すべての人が皆同じような働き方をするのがいいかというと、それぞれに条件が違いますよね。家庭ごとに抱える問題がちがっていて、それはもう、こうすべきだとか何とか、部外者には言えない。価値観の問題もあります。

人生にはいろんなことがあって、自分自身も、それから伴侶や子どもも、重い病気にかかる可能性はあります。そうなったときにどうするか。子どもが病気になったら、夫婦でケアを分担すればいい、などと簡単に言われますが、それがメンタルな病気だったらどうするか。子どもが不登校になったときに、「私が仕事をしているせいじゃないか」と自分を責めて、職を辞した人も知っています。落ち着いて考えれば、もう少し何かやりようがあったんじゃないかと思いもしますが、でもそのときはもう、本人はそれで頭がいっぱいになってしまう。それを責めることもできません。

じゃあ社会全体でそれを解決できるような仕組みがあるかというと、ないわけです。親がそばに住んでいるか、元気でいるかどうかという条件にもよるし、都会に住んでいるか、田舎に住んでいるかでも状況は違う。伴侶が、別居に理解のある人かどうかによっても違います。いろんな条件があって、すべてがうまくいったときに働ける状態になる。これは男女問わず、そうかもしれません。

子どもを産むタイミングにしても、産んでから社会復帰を目指す人もいれば、ある程度の高いポジションを得てから出産する人もいる。その真ん中は、ものすごく大変だと思いますが、それでも真ん中になる――職探しの真っ最中に出産、という人もいると思います。それもまた、仕方がない。

すべての人は決して平等ではない、同じ状況で働けるわけではないのだということは、考えておかなくちゃいけないと思います。もちろん、平等になるように努力をするのは大事なことですが。

そして特に研究者夫婦の場合、一番深刻なのは「二体問題」――カップルが離れ離れになるという問題で、それを解決する方法は、今も、世界中を見てもないと思います。うまくやっているカップルも時にはありますが、実際は難しい。どちらかが東京や大阪などの大都市に職を得れば、もう片方がその近くで職を探すのは比較的やりやすいと思いますが、そうでない地方に行ったら、パートナーが探せる職はすごく限られます。

家族と一緒に暮らせないような条件になったときに、家族を捨ててまで自分の仕事に執着できるかというと、そんなに簡単には決断できないですよね。子どもがいた場合、たった一人で子どもを抱えて仕事を続けられるかというと、それはそれで大変です。

諸々考えると、昔より保育園が増えて、保育園に入れることに対する社会の理解が深まったというのは大きな進歩だと思いますが、その先はなかなか簡単ではないとも思います。

いま揺れている人に

「研究より子どものことが大事」と思っちゃう時期が、どうしてもあるんです。私は今だってそうですが。仕事より家族のほうが大事です。

そんなときには、後で自分がすごく後悔することがないようにしたほうがいい、とは思います。若い人に向かって「あなた、子どもより仕事のほうが大事よ」とか、とてもじゃないけど言えないですね。

家事と育児といろいろ重なって、全部中途半端、会社の仕事も中途半端になって、どれもできないっていうのがストレスになって、会社を辞めてしまった方もいます。でもその後、もうちょっと我慢して続けていればよかったな、という後悔を口にされる方もいます。大企業の研究開発現場にいらした方とかだと、辞めてしまえば、もう二度と元には戻れないので。

こと育児に限っていえば、子どもは必ず成長するので、「あと何年」と考えて、その間は例えば、仕事のペースを人より半分落として、業績が下がってもいいから、続けたほうがいいですよと、今だったら私は言えると思います。でも当の本人は、何年続くかわからない、と思ってしまうものだから……。

――難しいですね。アカデミアの研究者の場合、ちょうどそのころが職探しの時期に当たってしまったら、やっぱり大変なのですよね。

そうですね。助教くらいのときが一番厳しいかもしれません。出産で後れをとって、40歳くらいになってしまったので助教に応募できないとか……。そういう時期は、とにかく業績を上げるためにどこかでつないで――国研とか、財団の研究所とか、大きな予算をとっているプロジェクトとか――、少し時間が自由になるときまで待つとか。とにかく、続けることが大事、とは思います。

もっとも今の時代は、アカデミアでステップアップするのは非常に大変ですよね。ある意味では企業のほうが、精神的に楽かもしれません。大きな企業であれば、制度がしっかりしていて、産休・育休をとってもカムバックできる環境がありますから。

★

子育てでは、無駄なこともいっぱいやってきたと思うんです。子どもは全部手料理で育てる、買ってきたおそうざいは食べさせない、手作りのお菓子に手作りの洋服、とか……。そんなことする必要ないじゃん、と今なら思いますが、若いときにはいろいろやりました。

それは自己満足のためで、やらないで、何か起きたときに「あのときこうしていれば」って後悔したくないがためにやっていた。こういうのは人によりけりですよ。いいんじゃないでしょうか。「あなた、そんなことしてる時間があるならこれやってたほうがよかったでしょ」って言われても、まぁそうかもしれないけど、っていうところですね(笑)。

多少の回り道をしても、おおらかに、あまり思いつめないでやるのがいいんじゃないでしょうか。難病をかかえるお子さんはもちろん別だと思いますが、そうでなければ、子どもは勝手に育ちますし、逆に、子どもの成長を止めることはできませんから。時間が経てばいつか大人になって、自分の手元を離れるのです。後から振り返れば、長い人生の中で、ちょっとの間だけ預かった、という感じです。かぐや姫のお話そのものですね。

その上で、キャリアにおいてチャンスが巡ってくるかどうかは運命なので、巡ってきたときにパチンと捉えられるように、いつも準備だけはしておくことでしょうか。

あとは、どの世界でも、人脈は大事です。いろんなところに作っておくと、話を持ってきてもらえるので。媚びを売りなさいということではありませんが、いつも朗らかにしてみんなと付き合うことは、けっこう大事だと思います。

研究に対しての情熱があって、その情熱ゆえにいろんなものにしがみついて、そして「私研究好きなんです」っていう気持ちをムンムン発していれば、それを拾い上げてくださる方は、いろんなところにいるのではないでしょうか。

もっとも、育児休暇を1年、2年ととると、それ以前に自分がやっていた研究テーマはもうダーッと先のほうまで進んでしまって、追いかけられなくなっているかもしれません。でも、新しいテーマは常にありますから、その時点でのホットなテーマに、キャッチアップすればいい。研究は尽きることがないので、いつでも戻れます。だから安心して、どうしても家族の事情で休まなきゃいけないときがあっても、それを悲観せずに、まあ充電期間だと思って休んで、戻ってまたやればいいと思います。

もちろん、どんなポストを望むかにもよりますが……。でも、(mRNAワクチンの開発において大きな貢献をした)かつてのカリコー・カタリン博士のように、恵まれないポストだけれどもすごい研究者がいるぞ、となったら、周りも放っておかないでしょう。とにかく、後悔のない選択をしてほしいと思います。

——ありがとうございました。

(2024年2月)

*1　田島節子：日本物理学会誌、44, 380(1989)

田島節子　たじま・せつこ

1954年生まれ。東京大学工学部物理工学科卒業後、日本電気株式会社に就職。専業主婦、東京大学工学部物理工学科助手・講師、財団法人国際超電導産業技術研究センター超電導工学研究所研究部長などを経て、2004〜2020年、大阪大学大学院理学研究科物理学専攻教授。工学博士。専門は超伝導を中心とした物性物理学。2021〜2023年、日本物理学会会長。2006年にスタートした「女子中高生のための関西科学塾」などを通じ、女子中高生対象の理系進学応援の取り組みも続けている。

4

その日は突然やってくる

――介護・病気編

子どもに返っていく母と
――「同居」から「介護」へ

たねをまく子(仮名)

生物学が専門の研究者で、私立大学で教員をしています。実家まで片道約3時間、週末に帰省する見守り生活を経て、5年前に母を呼び寄せ、同居を開始しました。現在は、ショートステイを利用しながらの介護生活をしています。

私の一日

母は92歳になります。要介護度は2で、身の回りのことが一応はできていて、認知機能もまあ年齢相応。一般的に言うなら、非常に元気でありがたい状態です。

平日は、母をデイサービス[*1]に送り出す日と、ショートステイ[*2]に送り出す日があります。朝早くから授業や会議があるときは、前日からショートステイに預けることが多いです。

母を送り出す日は、朝は6時くらいに母を起こして、8~9時の間には施設へ送ります。仕事上がりは、早めにするようにはしていますが、一番最後の授業が午後6時に終わるので、やはり午後6~7時くらいにはなります。

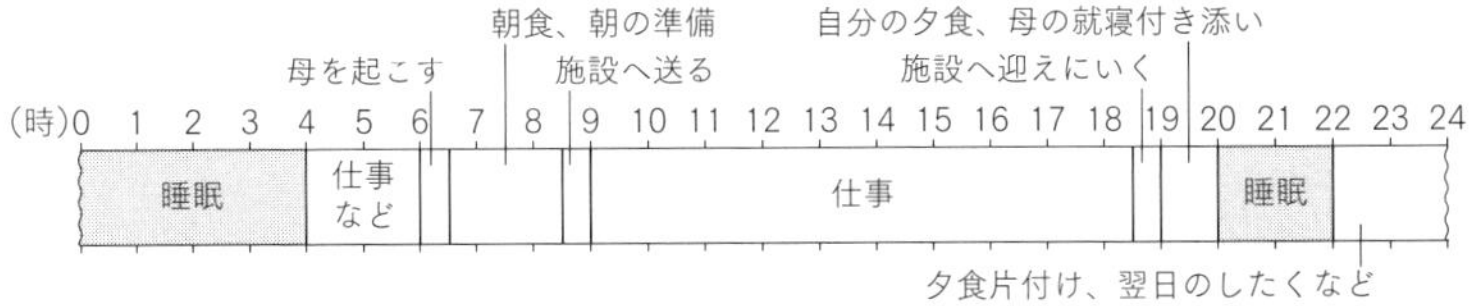

▲平日のスケジュール例(施設への送り・迎えがある日の場合)。

デイサービス利用の日や、ショートステイの滞在が終わる日は、それから母を引き取ります。母の就寝に付き合った後、夜10～12時くらいにいったん起き上がって、夕食の片づけや、翌日の母の支度などをします。ただ、その時間帯は頭があまり回らないので、朝4時くらいからまた起きて、仕事などをします。そうしてまた、6時くらいに母を起こします。

ここ2年で曲がり角に

両親は他県で暮らしていましたが、父は、病気がわかってから2カ月で他界しています。その後、母は一人で10年くらい過ごしていました。ただ、その間に要介護認定を受けて、要支援から要介護のステージに上がってはいました。

そんな中、5年ほど前に、ちょうど大型台風がきて、お隣さんが避難所に運んでくれたということがありました。それが一つのきっかけになって、当時の担当のケアマネジャー(介護支援専門員)さんから声がかかり、「あ、わかりました、今週末連れにいきます」くらいの感覚で、引き取った次第です。こちらへ連れてきてから、こちらの地域包括支援センターに問い合わせ、近隣の居宅介護支援事業所を紹介してもらい、新しいケアマネジャーさんと面談の上、介護にかんする支援をお願いするという段取りを踏みました(この段取りは、地域の介護支援を受けるプロセスとしてごく一般的なものです。これらが終わるまでは、実家のほうのケアマネジャーさんに、書類・役所対応を継続していただきました)。

連れてきた当初は、母はまだいろいろなことを楽しめる段階で、私も、これが最後の親孝行、恩返しと考えていました。介護というより二人暮らし、という感覚です。長期入所施設の紹介を受けたりしつつも、預ける踏ん切りがつかず、平日の日中はデイサービスを利用して、朝晩は一緒にいるという暮らしを続けました。

ただ、ここ2年くらいで、高齢者としての母の状況が次第に、いろいろな意味で、変化してきているように感じています。

たとえば、関節が硬いからか、思うように指先が動かないのか、着替えに非常に時間がかかります。何してるんだろうと思って見ると、20分経ってもさっきと同じ状態、とか、ズボンのすそがうまく分けられず、片方に両脚入れていて、それは本人も認識してはいるものの、うまく足が抜けなかったり、とか。季節にもよりますが、朝起きてから出発までに2時間以上かかったりします。夜の就寝はどんどん早くなり、一方で、夜中のトイレで起こされる回数も増えました。昨年は入院もしました。

そんな中、2023年の5月に、今度は私が緊急入院をすることになってしまいました。さすがに母はどこかに預ける必要が出て、急遽ショートステイを利用し、それ以来、平日はショートステイに預けることが多くなっています。

ただ、母はどうもこのショートステイが合わないようなのです。携帯電話を使えるので、「いつ迎えにきてくれるの」とか、夜中に電話がかかってきたりもします。

「周りの理解」の難しさ

そんなこんなでいろいろありつつも、職場では、私は普通に仕事をし、ごく普通にふるまっています。いまの私の職場に限らないと思いますが、「周りの理解」って難しいものです。

私の職場では、介護の話はほぼ聞いたことがないのです。たとえば育児をしている方なら、夏休みになるとお子さんを連れてきていたりしますし、時短（短時間勤務制度）を取っている方もいて、何となく目に見えるのですが、介護に関してはまったく見えず……。

大学の規定が変わると、大学側から「規定が変わりましたよ」とアナウンスはあります。すると、私の勤務先の大学の規定は、育児だけではなく介護についても並列で書かれているので、介護のほうも同時に変わることが多いのですが、具体的には自分で規定を読み込んで、どう使えるかを考えるしかありません。

実は、昨年に母が入院したときに、介護に関する休暇や制度を利用できるかどうか、事務の方に相談したことがあります。すると、授業に対してはもしかすると、非常勤を雇うことができるかもしれない、とのことでした。

とはいえ本学は、業務が多いほうの私立大学です。例えば、いまの私の所属先では、受け持ちのゼミ生が10人いたとすると、それぞれのゼミ生のインターン先や教育実習先など、10カ所を超える訪問先を、担当教員が一人で回るわけです。事務の方が言うには、それに対しては非常勤はあてられない、と。となると、それを私が行くか、あるいは、数名からなる所属専攻の教員の中で調整して分担いただく、みたいなことになります。負担の大きさがわかるだけに、それはなかなか申し上げにくい。

そんな中で、私がもし介護休業取得の届け出をしたとしても、こうしたいわゆる業務の部分や、所属する委員会業務などは自分で調整する必要があるようなら、休業届を出す意味が、私にはあまり見つけられませんでした。このあたりが難しいと思います。

ちなみに、事務の方に、「介護休暇とか介護休業をこれまで取った方は、そうした業務の割り振りを個人でやってきたのですか」と尋ねもしたのですが、なんと、両方とも前例がない、と言われました。

そんなこともあって、これまでは特に介護があるので抜けさせてもらうとか、業務の調整をお願いするとかいうことはなく、一人でやりくりしてきました。夜8時半か9時にスタートするような会議が設定されてしまい、いったん母を迎えに行ってからリモートで接続し直す、ということもあります。

男性だから、女性だからという時代ではありませんが、私の所属専攻のメンバーは、私以外は全員男性です。言ったら聞いていただける可能性もありますが、実際はどうなるのか、予測ができません。専攻としては良かれとの対応であっても、私個人にとってはかえってやりにくい方向に転んでしまうようなこともあるかもしれない。そう思うと、言わないで、できるところまで自分だけでやろう……というふうに、私は考えてしまいます。

教育業務が中心の組織ということもあって、研究のほうは、今はなかなかできなくなっています。研究あっての研究者なので、そこの優先順位を下げる自分は甘いのではないか、と思ったりもしましたが、自分が体調を崩してからは、やっぱり健康でしょう、と自分に言い聞かせています。

要介護認定はとっておく

そんな私に、ここで何か伝えられることがあるだろうか、と考えてみたのですが、まず高齢のご家族をお持ちであれば、要介護認定は申請されるとよいかと思います。普段は何もサービスを利用するつもりがなくとも、担当のケアマネジャーさんさえ決まっていれば、折に触れて適切なサービスを提案してもらえますし、高齢者の側の状況が急変した時、あるいは今回の私のように、介護する側に突然何かあったときに、手続きが非常にスムーズだからです。

もし認定を受けた方であれば、どこかのショートステイ施設を予め見学し、契約をしておけば、緊急のときに速やかに入れてもらえます(ケアマネジャーさんが電話してくださるのですが)。契約したショートステイが満室であっても、他に入所できるところをケアマネジャーさんに探していただけます。同居であれ別居であれ、ステイの契約を一つしておくと、何かあった時に、二歩早く動けると思います。

「これから」に悩む日々

今後のことは、悩ましいものです。育児はだんだん手が離れていくと聞きますが、介護は逆ですから。

環境が変わると、高齢者の状況も変わり、体調も崩しやすくなります。今はショートステイが中心でも、できるだけ早くデイサービスに戻したほうがいいのかもしれないし、あるいは、ショートステイといってもいろいろあるので、ショートステイ先を変えてみるのもいいのかもしれない。どうするのがいいのか、私の体調とも相談しながら試行錯誤しています。

今の母は、だんだん幼児に返っていくような感じなのでしょう。自分が頼りなくなってきていることがわかるようで、本人もそう言います。たとえばデイサービスに行くときであっても、必ず車の中で嫌がり、心細いといって泣き出してしまったりします。もう私とは片時も離れたくない、という状態が徐々に進んでいます。

こうした状況になった今となっては、長期入所型の施設に入れるということも難しい。母自身が身の回りのことをこなすのがいよいよ難しくなれば、その選択をするより他ないのだとは思いますが……。

おそらく私は、そうした施設に入れる最適なタイミングがあるとすれば、すでにそれは逃してしまっているのです。同居を始めたばかりのころ、母がまだ同じ世代の者どうしで楽しめて、スタッフさんのシフトや顔もわかり、そこでの暮らしを自分で組み立てられるくらいのときに、そうした施設に入れるのが、本当はよかったのかもしれません。施設の方が長生きできるとも聞きます。ただ実際には、施設に入れるタイミングを計るのはとても難しいものです。介護する側とされる側のタイミングのすり合わせです。どこまで家でみて、どのタイミングで施設にお願いするのか。これからも、母と私、双方の状態を考慮しつつ、ケアマネジャーさんとも相談しながら、よりよい道を探っていくのだろうと思います。

（談、２０２３年8月）

＊1　通所介護（日帰り）。利用者が施設に通い、自宅において自立した日常生活を営めるよう、生活上の世話や機能

訓練を受けられるサービス。

＊2　短期入所生活介護（泊まりがけ）。利用者が短期間、施設に宿泊し、その間、生活上の世話や機能訓練を受けられるサービス。

たねをまく子（仮名）

博士（理学）。任期付き研究員としていくつかの研究所に勤務した後、現在は私立大学で准教授をつとめる。

せん妄になった父との一年

源城かほり
長崎大学

建築の研究者です。室内環境の快適さ、健康とのかかわりや、環境性能の高い建物について研究しています。いまは子どもと母と暮らし、大学教員として働く日々です。

3年ほど前に、父をがんで亡くしました。まるでジェットコースターのようであった、当時の介護経験を振り返ってみます。

膵臓がん発覚、そして急展開

あるとき、同居していた父に膵臓がんが発覚しました。膵臓がんは、10年生存率が最も低いがんの一つです。発覚したときにはもうすでに進行しており、抗がん剤でがんを小さくしてから、病巣を切除することになりました。

しかし、抗がん剤の副作用は思いのほか強く、父はみるみる弱っていきました。抗がん剤で低下した体力を回復させるべく、点滴を打ちに、通勤前に病院へ送っていきました。当時、子どもは保育園に通っていましたが、朝は自分が保育園へ送っていき、お迎えは、やはり同居する母にお願いしていました。おかげで夕方までは仕事ができていましたが、言うまでもなく、子育て中の研究者は毎日が時間との闘いです。毎日の育児に加え、父の発病もあり、この年に書こうと思っていた論文は、なかなかまとまった時間がとれずに先送りすることとなりました。

がんの発覚から数カ月後、抗がん剤で小さくなった病巣を切除する手術の数日前に、事態は急変しました。父が、間質性肺炎で救急搬送されてしまったのです。そして、思いもよらぬことに、その治療のために使ったステロイドがおそらく原因で、父は「せん妄」と言われる状態に陥ってしまいました。

せん妄になると、今、自分がどこにいて、どんな状況なのかがわからなくなることがあるといいます。病院にいるのにもかかわらず、自宅にいるものと勘違いした父は、「自宅が改造された」という被害妄想に陥ってしまいました。そして困ったことに、酸素吸入器をつけることすら嫌がり、外してしまう始末でした。

間質性肺炎のほうの治療のため、もともといた病棟とは別の病棟に入院することになりました。父が運び込まれた日の夜、母と私、叔父が呼び出されました。担当してくれた医師によると、「せん妄は治るかもしれないし、治らないかもしれない」とのこと。症状から判断するに、父は認知症を発症してしまったのではないか、と私たち家族は考えました。

病院の勧めで入院中に介護認定をしてもらったところ、要介護4とのことでした。初めての判定で要介護4が下されることは珍しいそうで、いかに「せん妄」とよばれる症状が重いものだったかがわかります。がんになることも恐ろしいけれど、脳が正常に働かなくなることは、それよりももっと恐ろしいことだと感じました。

父は、間質性肺炎になる前までは、脳の働きは正常であり、コミュニケーションも普通にとれていました。体が弱ったり、少し不自由で介助が必要であるくらいであれば、介護はまだどうにかなります。しかし、意思の疎通が難しくなり、自分で自分のことができなくなると、事態は一気に深刻化します。

ひとまず、間質性肺炎の治療をし、体力を回復させてから、当初の目標であったがんの切除手術をしようということになりました。しばらくして肺の状態はよくなりましたが、せん妄状態は相変わらず治らないままです。自宅に戻れば回復するかもしれないと、車椅子を借りて一時帰宅することも試みましたが、せん妄状態にある父を自宅で、母と私だけで介護するのは土台無理な話だと、一日で観念しました。

転院、また転院の日々

当時、父が入院していた病院の主治医からは、「長い間入院させておくことはできません」と告げられてしまいました。転院先の病院でリハビリをして、体力を回復しながらせん妄も治せばよい、と主治医はいいます。勧められるがままに、別の病院に転院しました。しかし、普通の病院でせん妄の治療をするのは難しいのです。転院先の病院で、ともすれば暴れそうになる父が縛りつけられているのを目にした母は、心労で倒れてしまいました。転院先の一般病院の主治医には、数日のうちに、「うちの病院では診られません」と断られてしまいました。

お宅の病院で診れないのなら元の病院へ戻してくれ、と私は直談判に行きました。働きながらこのように病院との交渉をすることは、精神的にも時間的にも、けっこうこたえました。もはや研究どころではなくなります。転院先候補の病院をいくつも見学したり、医師らと面談したりすることによって、平日の貴重な昼間の時間はどんどん奪われていきました。

そうして、父は再び元の病院に戻って入院することになりました。まだせん妄状態にありましたが、手術を受けることができるくらいにまで体力は回復していました。そして、当初の予定よりも2カ月遅れで、がんの切除手術が行われます。しかし、間質性肺炎の治療のために抗がん剤治療を止めたこともあってか、数カ月のうちにがんが再び大きくなっており、肺に転移はなかったものの、完全には切除できなかったとのことでした。

その後は、体力の回復をみながら介護老人保健施設に入ることを勧められました。しかし、介護施設はどこもいっぱい、ましてやせん妄状態の父を引き受けることのできる施設など皆無でした。幸い、ある一般病院に転院することができましたが、ここでもせん妄状態が悪さをしてしまい、父の状況はよくなりませんでした。

ようやく落ち着いた矢先に

一般病院では処方できる薬に限りがあるということで、その後、適切な薬を処方できる精神病院へ転院することになりました。ここで、父は認知症の一つであるレビー小体型認知症の可能性が高いという診断を受けます。長引くせん妄状態の診断結果を聞いて、私たち家族はようやく腑に落ちました。

移った先は設備が整った病院で、対応する医師や看護師も、患者に対するマナーを心得ています。この病院に転院してから、ようやく父は適切な治療を受けることができ、精神状態が落ち着いていきました。そして束の間ではありましたが、普通に会話することができるようになりました。

しかしその後、がんは肺に転移し、転院してから数カ月の後に、父は永眠しました。

突然訪れた介護

今は子どもも小学生になり、一人で通学し、ある程度身の回りのことができるようになってきたために、朝早く通勤することが可能となり、仕事に割ける時間が以前よりも増えました。育児も大変ではありますが、子どもの発達に応じて、どの程度時間がかかるのか予想がつきます。しかし、突然訪れる親の介護は予想外に大変です。私の例のように、最初は介護状態でなくとも、病気の治療の過程で介護状態に陥ることがあります。自分はそのようなことがあるとは知らず、急に訪れた介護を、身をもって体験することになりました。

間質性肺炎で搬送されて以降、ほぼ毎日欠かさず病院へ行っていたのは母で、私は母の具合がどうしても悪くなった時に、代わりに見舞いに行っていました。いま振り返ると、母が病院へ通ってくれたおかげで私は仕事を続けることができましたが、そうでなかったら、まともに仕事などできなかったでしょう。実際、転院先を探したり、病院と交渉したりしていたころは、最低限、授業に穴を開けないようにすることくらいしかできなくなっていました。

1年あまりの介護と育児、仕事の両立は本当に大変でした。とくに高齢の親をもつ研究者の方は、介護はいつ降りかかるかわからないということを、覚悟しておいた方がよいかもしれません。家族のみならず、自分自身の急病などのリスクもあります。長い研究生活の間、研究に十分に力を注ぐことができなくなる期間があるかもしれないことを念頭に置き、自分が不在でも遠隔で回せるような研究室運営など、徐々に研究環境を整備したり、心の準備をしておくことが、大事なのではないでしょうか。

（2023年1月）

源城かほり　げんじょう・かほり
1974年生まれ。長崎大学大学院総合生産科学研究科教授。専門は建築環境工学。2003年に東北大学大学院で博士(工学)を取得し、秋田県立大学、豊橋技術科学大学などに在職後、2015年より長崎大学大学院工学研究科准教授に着任。2022年同研究科教授、2024年より現職。

遠隔地介護と育児のダブルケア体験記

福山隆雄
長崎大学

物理学の研究者です。プラズマ波動中で観測されるカオス現象の解明など、プラズマ物理学における基礎研究と並行して、物理教育の研究にも取り組んでいます。現在は、妻・長女・長男・妻の両親たちと一緒に暮らしています。

14年前に認知症を発症した実母は、遠隔地介護や在宅介護の期間を経て、今ではグループホームに入所して、所員さんたちのサポートのもとで生活しています。以下では、実母の介護を中心として、これまでの経緯を振り返ってみます。

往復生活のはじまり

実母は長い間、熊本県北部の小さな町に暮らしていました。配偶者とは別れており、私が一人息子です。

2009年の秋ごろ、その実母が認知症(進行性失語症)の診断を受けた、との電話を私の伯母からもらいました。ただ、本人はその診断について周りに知られたくないということで、しばらくは様子を見ることになりました。

当時の私の職場は、愛媛大学教育学部です。妻と1歳になった長女とともに、熊本からは遠い、愛媛県松山市で暮らしていました。

実母の認知症は徐々に進行し、２０１１年ごろには、料理ができなくなったり、読み書きを忘れてきたりと、自立生活が難しくなってきました。それでいて自家用車の運転をやめようとしなかったことも、不安の種でした。

そこで、週末などを利用した遠隔地介護生活が始まります。２週間に１回程度、22時ごろに松山市を出発して、しまなみ海道を通り、翌朝８時ごろに博多駅に到着する夜行バスを利用して、熊本の実家まで通いました。病院に付き添ったり、身辺整理などを手伝ったりということを終えて、また愛媛に戻るという生活でした。

そうした中、２０１１年12月には長男が誕生し、子どもたちの育児と実母の介護というダブルケア生活に突入しました。子どもたちは体が丈夫なのは幸いでしたが、それでも、当然のことですが、手はかかりました。私は無我夢中の状態で、育児についてはかなりの部分を、専業主婦である妻にお願いすることになりました。妻は長崎生まれ博多育ちのため、頼れる身内が近くにおらず、妻の両親などには頻繁に愛媛まで来てもらい、サポートしてもらいました。また、当時勤務していた愛媛大学教育学部では、介護や育児に係る業務減免が制度化されており、ずいぶんと助けられました。

同居、そして施設へ

ただ、遠距離で介護できている時期は、まだ一人でどうにかなるレベル、時折手助けすれば一人で暮らせるというレベルなのです。遠隔地介護が始まって約1年後、ついに実母は、自立生活が不可能となりました。こうなると、同居するか、施設に入れるかしかありません。

そこで、松山市内に中古の一軒家を購入して実母に来てもらい、同居を始めることとなりました。妻・長女(当時3歳)・長男(当時0歳)・私、そして実母との生活になりました。松山市はとても暮らしやすい土地で、永住するつもりでいました。ただ程なくして、私と妻の故郷近くの長崎大学で物理学の教員公募があり、幸いなことに採用されて、異動することになったのです。そして、およそ半年間の長崎における単身赴任の生活を経て、松山に暮らしていた家族を呼び寄せ、長崎に完全に移住しました。

その間にも、認知症の症状は進みました。しかしその一方で身体は元気だったので、長崎に移住してからは、あちこち歩きまわって、転んで傷だらけで帰宅したりするようになりました。もうこれは手に負えないと、自宅近くの施設へ、強制的にショートステイに入ってもらいました。

その後、実母は5年間程度の待機期間*1を経て、このショートステイ先と同じ団体が運営するグループホームへ入所することになり、現在に至ります。遠隔地介護の時期に乳幼児だった子どもたちも、今ではすっかり大きくなり、少しずつですが、平穏な日々が戻ってきた気がします。

苦しみの末に

これまでの介護および育児のダブルケア経験を通じて、一番つらかったのは、遠隔地介護の時期でした。研究者は勤務地を選り好みできないため、こうして遠距離でのケアが生じるケースは多いのではないでしょうか。

当時は今より若かったこともあり、身体的なつらさは、まだどうにかなりました。それよりも、精神的なつらさのほうが大きかったです。介護ではよく言われることですが、「未来がない」と感じていました。これからどうなるのだろう、と。

さらに、親が弱っていく様子もまた、なかなか受け入れられないものでした。認知症といっても、当初は「まだどうにか回復するだろう」という望みを持っていたのです。施設に入れるということにも、当初は自分・実母側の双方に抵抗がありました。

しかし、公的なサービスを受けるようになり、時間とともにそれを受け入れたとき(回復を諦めたとき)に、精神的には楽になったように思います。親の介護は育児と異なり、当人の将来に向けた教育はありません。そして、私自身にも生活があります。「介護は家族で責任を持たなければならない」という考えを改めて、介護される者・介護する者ともに、快適で楽な形を模索するのがよいと思いました。介護で苦しい気持ちでいても、その苦しさには必ず終わりが訪れると思います。

生活あってこその仕事

介護中(ダブルケア中)は、やはり時間の捻出が課題になりました。残業や遠方への出張は思うようにはできず、平日昼間の時間帯も、頻繁に通院に付き添うなどの時間的な制約がありました。これにはやはり、周囲の理解が重要になると思います。特に、管理職の立場である方々には、必ず理解いただきたいと思います。育児や介護にあたって非常に重要である「休日」に、研究とは関係のないサービス業務が平然と入る(または、サービス業務をせざるを得ない状況に追い込まれる)という風潮は、組織として変えていく必要があると思います。「生活あってこその仕事」です。

現在の勤務先である長崎大学では、全国に先駆けてダイバーシティ推進センターが整備され、介護支援の体制も整いつつあります。あとは、全学的に介護と育児にかかわる業務減免の制度化がなされれば、生活と仕事の質を、いっそう高めることが可能になるでしょう。また、コロナ禍においてオンライン化が広がりましたが、対面業務のオンラインへの置き換えの推進も、時間捻出の面からは有意義なことです。オンライン化によって仕事の質が高まる場合も多いものです。オンライン化が進むほど、逆に、対面の価値も高まるでしょう。

★

コロナ禍のため、施設に入所した実母とは長期間にわたって面会できない状態でしたが、ようやく少しずつ面会できるようになりました。半年間に1回程度、面会に行っています。本人は認知症が進み(要介護5)、面会に行っても、もうあまり私を認識することもできなくなりました。時期がきたら、このまま静かに眠るのだと思います。

実母が施設に入所してだいぶん負担が軽減されたとはいえ、介護・育児と研究・教育の両立は決して楽ではなく、現在の私には、まだ精神的・時間的な余裕があまりありません。新約聖書には「人はパンのみにて生きるにあらず」とありますが、正直に申し上げて、今はパンを得るためだけに生きているような気がします。しかし、そのような中でも些細なことに幸せを見出しながら、介護と育児の卒業を迎えた暁(ポスト・ダブルケア)のことを考えて、過ごしていきたいと思います。

(2023年7月)

*1　施設にもいろいろあり、選ばなければすぐにでも入所できたが、信頼できそうな施設を選んだ結果、長い待機期間となった。

福山隆雄　ふくやま・たかお
1976年に熊本県で生まれる。長崎大学教育学部准教授。専門はプラズマ物理学と物理教育。九州大学で理学の博士号を取得後、日本学術振興会・海外特別研究員に採用されて、ドイツのマックス・プランク研究所に勤務。その後、愛媛大学教育学部講師・准教授を経て、2013年4月より現職。長崎ではプロテスタント教会に所属。趣味は合唱(ベースを担当)、好きな作曲家はJ・S・バッハ。

医療的ケア児との生活と研究

中村聡史
明治大学

情報系の研究者です。医療的ケアが必要な長男の病気の都合で専業主婦をしてくれている妻と、小学校4年生の長女、特別支援学校小学部2年生の医療的ケア児である長男、保育園に通う2歳の次男とともに、日々発生するいろいろなトラブルを楽しみつつ、また些細なことに喜びを見出しつつ、仲良く暮らしています。

「医療的ケア児(医ケア児)」[*1]というのは聞き慣れない言葉かもしれませんが、首の気管を切開しており痰の吸引が必要だったり、人工呼吸器を使っていたり、胃《い》瘻《ろう》(お腹に開けた穴から通した管で、胃に直接栄養を送り届ける仕組み)を造っており経管栄養が必要だったりと、医療的なケアが日常的に必要な児童のことを指します。ちなみに長男は、気管を切開しており、夜間に人工呼吸器を使っており、胃瘻から経管で栄養を摂取しているというフルコースです。医療的ケア児をケアする側には、痰の吸引を中心としたケアのため、看護師免許やその他のさまざまな訓練が必要であることも多く、それによりさまざまなハードルが高くなっているのが実情です。

今の生活

日によって大きく異なるのですが、基本的に、朝は長男の予定から逆算する形で動いていきます。長男が特別支援学校の小学部に通う日は、朝7時50分にお迎えのバス(基本的に親の付き添いが必須)が来るため[*2]、その時間までに全員が家を出られるように動いていきます。まず、朝5時半に長女がアニメを見るために起きてくるのと同じタイミングで長男の経管栄養の夜間持続注入が終わるため、そこから注入のセットを片付け、調薬・投薬をすることが、我が家の朝のスタートです。その後、長男の気管切開部のガーゼ交換をしつつ、起きてきた次男をあやしつつ、アニメを見た後の長女へ勉強を促し、長男の吸入[*3]をしながら、6時25分から長女とラジオ体操をします。ラジオ体操の後、長男の朝のケアの続き(ガーゼ交換や補助装置を用いた排痰ケアなど)をしつつ、のんびりする長女をせかしたり、暴れまわる次男の相手をしたりします。ちなみに妻はこのころ、次男のまとわりつきに対処しつつ、朝のヘルパーさんに長男の洗顔や体のケアなどの仕事を引き継ぎ、朝の食事の準備や、長男が学校に行くためのもろもろの準備をしています。

次男と長女にご飯を食べさせつつ、自分もご飯を食べて、長女、長男、次男のそれぞれの連絡帳を書いて、朝7時40分に長女を小学校へ送り出し、45分に私が保育園に次男を連れて行き、50分に妻が長男をバスに乗せて特別支援学校に連れて行くことで、ようやく我が家の朝のバタバタが終了します。

保育園へは歩いて10~15分程度、保育園から職場までも歩いて20~30分程度なので、いい運動です。その後、8時30分から17時30分までは集中して仕事をし、18時までに保育園へ次男のお迎えに行き、帰宅後は長女に助けてもらいながら次男を適当に遊ばせつつ、長男の浣腸やオムツ交換(3~4回)、吸引などのケア。18時30分頃から次男に晩ごはんを食べさせつつ、私と妻、長女も晩ごはんをとり、19時過ぎに私が次男と一緒にお風呂へ。19時30分過ぎには次男を寝かしつけに行き、次男就寝後(20時前後)に、長男のケアをしつつ、家事と翌日の準備へと進んでいきます。

なお、その間に、妻は14～15時に長男をお迎え(自宅から遠いため、朝の送りからそのまま特別支援学校で待っていることが多い)、帰宅後に長男のケアをヘルパーさんや訪問看護さん[*4]に引き継ぎつつ、洗濯や夕食作りなどの家事をして、また長男を引き継いでケアをするといったことをしています。多忙です。

20時30分頃に長男の吸入(長男は、この時間までには寝ていることが多い)、21時から夜間の経管での栄養持続注入開始、21時30分に妻が長女を寝かしつけに行ったタイミングから残りの家事などをして、怒濤の一日が終わります(長男は呼吸器や加温加湿器、持続注入機を使ううえ、夜間の吸引もあるため、妻・長女・次男は私・長男と別部屋で就寝)。ここで元気があれば(締切が迫っていれば)24時くらいまで仕事をしますが、夜間に長男がむせこんだときに痰を吸引したり、パルスオキシメーターのアラートや機器のトラブルなどに対応したりする必要があり、夜間に起きてすぐ正常な判断ができるようにするため、また睡眠時間を確保するために、できるだけ仕事はほどほどにして寝ています。なお、週末は翌朝が少しゆっくりになるため、次男を寝かしつけた後に晩ごはんをとりながら、妻と一緒にお酒を楽しんだりしています。

長男が特別支援学校に行かない土日・祝日は、朝はやや遅めで、長女や次男の相手をしつつ、1～2時間かけて朝のケアをし、昼ごはんの注入、午後のケアをして、ヘルパーさんや訪問看護さんの力を借りつつ、夕方以降のケアに進んでいくことになります。

ちなみに、気管切開している医療的ケア児は吸引が頻回であることが多く、長男の場合、特に調子が悪いときは5分に1回程度の吸引が必要で、むせこみの音を聞いては吸引するなどずっとバタバタしています。夜間も調子が悪いときは、数十分に1回起きて対応する必要があるなど、睡眠時間が十分にとれないことも珍しくありません。別の部屋にいるときであっても、また就寝中であっても音には常に気を配っており、むせこみの音が聞こえるやいなや、駆けつけて対応しています。我ながら、よく就寝中に起きられるものだと感心してしまいます。

こうした日々の生活において、私の実家は長崎、妻の実家が沖縄と遠く、基本的に私と妻との二馬力で介護・看護と子育てをしていくことになるため、私が出張のときなどには破綻してしまうこともあり、出張の2カ月以上前にはレスパイト入所・入院(「レスパイト」とは介護者が休息するための、介護対象者の一時預かりのこと)のための予約をし、予約がとれれば5〜10日程度、そこで長男を預かってもらっています。また、それが難しい場合にはどちらかの両親に助けを求めたりしています。そのため、夕方以降の業務や、急な出張、飲み会などへの参加はなかなか難しいのが現状ですが、出張のときには羽を伸ばさせてもらっています。

お医者さんの言葉に打ちのめされる

博士号取得後、現職(明治大学)に採用されるまでは、情報通信研究機構や京都大学などで計9年間、いわゆる任期付きの職で働いていました。妻と出会って半年で結婚し、明治大学に新しくできた学部(総合数理学部)に着任してすぐの2013年に長女を授かりました。妻が不在の時に長女が熱性痙攣になって救急車を呼ぶなど青ざめる経験もしましたが、子育てに追われつつもあっという間に日々は過ぎていき、いろいろあったものの、2人目(長男)の妊娠までは順風満帆な生活でした。

長男の妊娠がわかってしばらくして、お医者さんに不整脈や手足の短さを心配され、肥大型心筋症、軟骨低形成症疑いなど、まだ生まれてもいないのに不安なことをたくさん伝えられました。その後、妻が切迫早産となり、このままでは沖縄への里帰り出産の飛行機に乗れなくなると言われたため、予定日の4カ月前、2015年の2月下旬に急遽、妻は長女とともに沖縄の実家に帰省しました。そこから1年間は単身赴任の状態で、1カ月に一度、沖縄に行って家族に会うことを繰り返すようになりました。

長男の出産は2015年4月。その前夜に、緊急の出産になると電話があったため、さすがに立ち会うことはできず、妻からの電話で、長男が生まれたことを知りました。ただ、電話口の妻は泣くばかりで、2万人に1人の疾患かもしれないことなどを少しずつ伝えてくれつつ、「ごめんね、ごめんね」と繰り返し、心をえぐられた覚えがあります。

出産の4日後に沖縄に入り、NICU(新生児集中治療室)にいる長男と対面しました。我が子の姿を見てホッとしたものの、その後お医者さんから伝えられたのは長男の病気に関する重い話ばかりで、特に「今後一生笑わないかもしれません」という言葉はいま思い出しても泣けてしまいます。もう少し伝え方を工夫してほしいものです。なお、その後長男は成長し、笑いました！　笑った顔は本当にかわいすぎます。

85万人に1人の病気

生まれてきた長男は吸う力が弱く、授乳が困難で、栄養不足になり体重も増えないという問題がありました。また、1時間かけて哺乳瓶でようやく30～40mL飲ませても、その後すぐに吐いてしまうなどして、日々増えない体重の計測がストレスになっていきました。こうして生まれてから半年は、成長は進まず、首も据わらないうえ、さまざまな診察をしても疾患名がわからないという状態で、妻の言葉を借りると「闇の中をただがむしゃらに匍匐前進している」ような心境でした。

転機は、ふらっと入院中の長男を診にきてくれた先生に、「この子、知ってる疾患の症状に似ているから遺伝子検査してみては？」と言っていただいたことでした。そして東北大学の青木洋子先生のグループによる遺伝子検査の結果、出生から半年経って、ついに長男には「CFC症候群」という聞き慣れない病名がついたのです。85万人に1人くらいの遺伝子疾患とのことで、当然治療する方法はなく落ち込みはしましたが、それでも、疾患の名前がついたことで気持ちが一段落したことを強く記憶しています。わからないものに「名前がつく」というのは、本当に重要なことなのだと思います。

また、その疾患名で検索してたどり着いた「おでこちゃんクラブ」という、ヌーナン症候群及び類縁疾患(CFC症候群・コステロ症候群)の家族会と、先述の青木先生たちが主導するその疾患のシンポジウムに参加し、同じような病気の子がどのような成長をしているのか、どのような家族の形があるのかなどの情報を収集することができ、真っ暗な闇が急に明るくなったような気がしました。

おでこちゃんクラブはその後数年して閉会となったのですが、このクラブによって救われたのがまさに我が家だったので、当時の代表の方に名前を継承させていただくことをお願いし、私と妻とで新しい会として、おでこちゃんクラブを運営させていただいています。現在、会員は150家族程度で、世の中にはお仲間が多いんだなと思う日々です。

悩み、葛藤する日々

さて、約1年の単身赴任生活を経て、そこから家族での生活がスタート。長男の疾患はてんかんの発作も伴うことが多いのですが、この発作が成長を妨げるものであるため、何とかしたいといろいろ試行錯誤したり(未だ解決をみませんが)、哺乳から経鼻胃管栄養(鼻から胃に管を入れて栄養を届ける)に切り替えて、ミルクや栄養剤を注入するものの、お腹が張って吐くことも多く、さらに管は嫌だと外され、再挿管するときにつらい思いをさせてしまう、といった問題に頭を悩ませたりしていました。

それからもさまざまなことがあり、緊急入院なども多く経験しましたが、特に大きかったのが、2017年7月に肺炎で緊急搬送され、そこからICUへ入院したことでした。入院中に一度は一般病棟に移動できたものの、すぐに病状が悪化し、深夜到着した病院で、「呼吸状態があまりにも悪いので、手術室で気管内挿管(呼吸困難を改善するべく、口や鼻から気管へとチューブを挿入すること)をしますが、リスクが高いため今のうちに会っておいてください」と別れを覚悟するようなことを言われたことは、今でも忘れられません。

また、気管内挿管には成功したものの、長男の気管が柔らかすぎることが原因で困難を極めたため、気管切開(喉と気管を切開すること。そこに専用のチューブ(カニューレ)を挿入することで、呼吸状態が悪い時にも、人工呼吸器を気管切開部につなぐだけで回復を図ることができる)を勧められました。さらに悪いことに、その後に長男が暴れて管を抜いてしまい、再挿管が必要になったため、改めて気管切開を強く勧められました。しかし、気管を切開すると、それまでに出ていた笑い声や、これから出ると期待していた言葉などが出なくなってしまいます。そのため、切開をするかどうか、妻と二人で数日にわたり、泣きながら話し合いました。これは本当に本当に忘れ得ぬ思い出です。[*5]

同じように気管切開をしているお子さんの親御さんに相談し、また今後のリスクをお医者さんに相談した上で、長男の命のことを考え、最終的には「肺が強くなり、呼吸に問題がなくなったら気管切開部を閉じる」ということを前提とした気管切開手術をお願いすることになりました。

残念ながらまだ気管は切開したままですし、切開部のカニューレが外れて息が止まり、大変な騒ぎになったこともありました。しかし、その後も調子が悪くなったことが何度もあり、もし気管切開をしていなければ、そのたびに上記のように葛藤し、また挿管できなかったらと祈らなければならなかったことを思うと、気管切開はいい判断だったと思っています。また、コロナ禍における呼吸器系の問題を考えると、もし気管切開をしていなかったら、刻々と悪化する感染状況に恐怖を覚えていたかもしれません。

さらに、気管切開の後には特に吐き戻しが多かったことから、経鼻胃管栄養から経鼻腸管栄養(管を直接、腸まで通し、栄養を直接腸に届けるもの。吐き戻しのリスクが小さくなる)にした方がよいといった話も、お医者さんから勧められました。しかし、腸まで通す管は、もし抜かれてしまった際には家庭で入れ直すことができず、病院まで連れて行かなければならない(タクシーで片道6000円程度)から厳しいこと、また我が家がもともと胃瘻造設に前向きだったこともあって、経鼻腸管栄養にはせずに手術をお願いし、今の気管切開と人工呼吸器、胃瘻というフルコースな状態になった次第です。胃瘻造設に加え、胃の入り口部分を軽く縛って吐きにくくする手術をしたこともあり、吐き戻しもなくなって、親子ともにずいぶん楽になりました。

コロナ禍で次男を授かる

さて、そうして迎えたのがコロナ禍です。医療的ケア児は健常児に比べてリスクが高いため、コロナ禍においては当然、そのケアで大変でした。職場や学校で感染者が出たり、家族が発熱したりすると、ヘルパーさんや訪問看護さんが来訪することができず(または来てくれても短時間限定)、またレスパイトにも預けられなくなるなど、とても大変でした。

しかしその一方で、コロナ禍で在宅の仕事が増え、妻との時間も増え、「子どもは3人欲しい」という結婚当初からの互いの希望を再確認することになりました。そして、長男の障害が重いからと3人目を諦めないようにしたいよねという話をして、幸いなことにコロナ禍の中で、3人目を授かりました。

コロナ禍での出産はいろいろと注意する点も多く、また長崎に住む私の父母や、沖縄に住む妻の父母に来てもらうなどして助けてもらいましたが、次男はすくすく成長し、家に多くの笑顔を振りまいてくれています。次男は長女や長男に対する愛が強いこともあり、特に長男は、次男の急なアプローチにうれしそうにしたり、びくびくしていたりしてかわいらしいです。

研究と生活は続いていく

こんな状況でどうやって大学の仕事をしているのかですが、学部や学科の教員および事務職員の皆様に助けられているからできているだけです。基本的には8時半〜17時半の間しか大学にいることができないため、夕方以降の委員会については、対面参加が必須なものを免除いただき、他の仕事を担当させてもらうなどしています。

また、以前は締切の力で仕事をすることが多かったのですが、採点や評価、査読といった手間のかかる締切仕事も、仕事をもらってすぐにこなすようになりました。おかげで、締切に追われて焦るということがずいぶん少なくなりました。さらに、依頼される仕事については、将来にかかってくる時間および働き方の見積もりをし、やりたい仕事であっても、見通しが厳しいと思ったら断るようにしています(まぁ、自分にとって、家族と天秤にかけることができるような仕事がないというだけなのかもしれませんが……)。

研究については、理工系の研究室という特性を最大限に活かし、徹底的に研究室を組織化して、研究室に所属する約30人の学生が学年を超えて助け合って成長し、私が急遽対応不可となってもなんとかなるようにする工夫を徹底しています(詳細はこちらのnote[*6]や研究室の記事[*7]をご参照ください)。私の一研究者としての成果は怪しいもので、周りの方々の活躍を見て勝手に焦りを覚え、落ち込むこともなくはないですが、優秀な学生さんたちに助けられていることもあり、研究室を一つの集団としてみれば、それなりに成果を出せているのではと思っています。また、成果をサービス化したり、共同研究先にも恵まれたりし、集団として研究に取り組む面白さを享受しつつ、研究成果を世の中に届ける喜びも覚えることができています。

★

さて、親の介護とは異なり、子どもの介護・看護には終わりがなく、私が先に寿命を迎えることも十分に考えられます。子どもには長生きしてほしいと思いつつも、私がこの世を去ってしまった後にどうなるかといった心配は絶えません。また、医療的ケア児の兄弟姉妹（よく「きょうだい児」という表現をします）の抱えるストレスは当然大きいものであるため、長女や次男が精神的に参らないようにするにはどうしたらよいかというのも悩みの一つです。

ただ、そうした状況ではありますが、常にともにある素敵な妻は、最高の戦友であり、美味しいもの大好きな飲み仲間で、いつも私を含めた家族を楽しませてくれますし、長男は普通の人が経験できないこと（さまざまなケアを身につけるだけでなく、行政へ働きかけをするきっかけになるなど）を私にさせてくれているだけでなく、笑顔や泣き顔もとてもかわいく、ほっこりさせてくれます。もちろん長男に比べると恐るべき勢いで成長していく長女や次男も反応豊かでかわいく、家族をいつも笑顔にしてくれる存在のため、いろいろなところに連れ回しては楽しませてもらっています。また、学生さんたちにも恵まれ、それ以外にもさまざまな縁に恵まれているので、なんと幸せなのだろうかと噛みしめることも多い日々です。

そんなこんなで、医療的ケア児との生活について、大変だけれど研究者として、そして家族の一員として、素敵な妻とともにいろいろと楽しめているというのろけ話でした。

（２０２３年９月）

＊1　気管を切開して専用のチューブ（カニューレ）を入れることで、血中酸素濃度が下がったときに人工呼吸器を直接つなぎ、回復を図ることができる。ただ、カニューレに対し体が異物扱いの反応をしてしまい、これを排出しようとして痰が増え、気管やカニューレ、肺にたまるため、必要に応じて吸引して除去する必要がある。
＊2　原稿執筆当時、東京都では医療的ケアバスが予算化されたものの、そのバスに同乗してくれる看護師さんの数がまったく足りておらず、我が家だと1カ月に朝の2回分しか確保されていないため、基本的に親の付き添いが必須となっていた。２０２４年８月現在、この状況はかなり改善され、送迎はお願いできている。
＊3　吸入薬を、吸入器を用いて霧状にし、気管切開部に5〜10分程度噴霧すること。
＊4　看護師が居宅を訪問し、療養生活中の人に対して病気や障がいに応じた看護を行うこと。
＊5　このあたりの詳細にご興味がある方は、妻のブログをご覧ください：https://ameblo.jp/miwa11401982/entry-12307940519.html
＊6　https://note.com/nkmr/m/m1e776a5aa1de
＊7　https://nkmr-lab.org/docs/management2020-2023.html

中村聡史　なかむら・さとし

１９７６年生まれ。明治大学総合数理学部先端メディアサイエンス学科教授。２００４年大阪大学大学院工学研究科博士後期課程修了。独立行政法人情報通信研究機構専攻研究員、京都大学大学院情報学研究科特任助手、特定准教授を経て、２０１３年より明治大学総合数理学部准教授、２０１８年より現職。インタラクションやネタバレ防止、平均手書き文字等の研究活動に従事。また、ＢＡＤＵＩ（使いにくい・わかりにくいユーザインタフェース）の収集と発信などもおこなう。博士（工学）。

「ポスドク一万人」世代の苦悩
——たび重なる試練をくぐって

中野（小西）繭
信州大学

保全生物学の研究者です。大学の教員をしながら、会社員の夫と、高校3年生・中学1年生の2人の子どもと一緒に暮らしています。

負けずに頑張った矢先に

1人目を出産したのは2006年です。

長男のときは、まだ周りに妊娠・出産を経験されている人が皆無でした。学位をとってから数年後、非常勤講師や研究補助職員をしながらお腹が大きくなったのですが、そういう状況自体がまだ珍しかったころです。出産は1月でしたが、1月以降は休講にしてその前に授業を詰め込み、試験については他の先生に試験監督をお願いして、採点は自分でするなど、全部手探りでした。そのころ、所属先には男女共同参画室もなくて、相談する場所もなかったのです。

私はちょうど、団塊ジュニア、「ポスドク一万人計画」[*1]の世代です。男性であっても、結婚している・していない、子どもがいる・いないにかかわらず、すごくつらい思いをされてきた方が多い世代です。職はなく、評価だけはすごく厳しい。そんな中、2人の子どもを育てながら、本当に自転車操業で、任期付きの職をどうにか渡り継いできました。

ところが、2015年の12月に、雇い止めの話が出ました。所属先はなくなります、と。急にそういうことになったので、同職の仲間と要望を出したりして、半年間の職が用意されましたが、自分自身の研究はできない条件でした。ちょうど科研費やプロジェクト研究が始まったばかりだったので、年度末ギリギリまで悩み、最終的に、無給で科研費の研究をするという選択をしました。

ハローワークに通って就職活動をしつつ、それでもまだそのころは元気があったので、負けないぞという気持ちで研究をして、研究費もいろいろと申請していました。私は絶滅危惧種を使った研究をしているのですが、市民との保全活動やシンポジウムでの発表なども、そのころは精力的に進めていました。そしてそんな中で、ラッキーなことに、それまで申請資格のなかった日本学術振興会のRPDの募集要項に改定があり、さっそく申請したところ、採用内定となりました。2016年8月のことです。翌年の4月までは無給だけれども、どうにか負けずに生き残れそうだ、という希望を抱いて、大変うれしかったことを覚えています。

無給になると、「自分の研究は仕事ではなくて、自分がやりたいからやっているのだ」という自己責任が重たくのしかかってきます。だから、家族や仲間に迷惑をかけてはいけない、と過剰に頑張りすぎていたと、いま振り返れば思います。いいことも悪いこともあって、とにかくがむしゃらに頑張って、乗り越えようとしていました。そんな折に、乳がん検診にひっかかったのです。

とにかく涙がとまらない

いくつもの検査を進めていったのが、その年の12月のこと。自分や家族の将来に対するこれまでにない大きな不安を抱えながら、診断が下りるたびに、自分が選択すべき治療について一つひとつ決断していかなければなりません。「これは悪性です」という結果が出るまでの、その過程がとにかくしんどかった。物事が考えられない、文章も読めない、字も書けない。それでも、それまでにいろいろ続けてきた研究活動を急に「できません」とやめるわけにもいかず、そのまま継続しました。

翌年の1月の終わりから2月にかけて手術をして、2月から4月にかけて、放射線治療をしました。不幸中の幸いで、抗がん剤は使用しない治療法を選択することができましたが、乳がんだったので、ホルモン治療の薬を飲み始めました。私にはたまたまそれが体に合わず、その薬を飲み始めたら、とにかく涙がとまらない。ずーっと泣いている感じです。

私にとっては、雇い止め後の無職の期間がとてもつらかったので、晴れてRPDとなってお給料ももらえる4月をとても楽しみにしていました。研究を休まずに続けたいという強い気持ちは変わらなかったのですが、とにかく、ずーっとつらい。「つらい」以外の感情の表現がないのです。悲しいのではなくて、つらい。「薬剤性の鬱」という診断がおりました。

そのころは理学部にいて、大学院生のいる部屋に、私のデスクも置いてありました。すると、周りにいるのは若い学生たちです。私がつねに情緒不安定で、ポロポロ泣いたりしていると、周りもやはり、ちょっと距離を置き始めます。

鬱であり、孤独でした。被害妄想もひどくなってしまいました。とはいえ自分でも、自分の置かれている状況を客観的にはわからなかったので、とにかく耐えることしかできませんでした。

でも、どんどんいろいろなことが耐えられなくなりました。ヒステリックな私に対して、周囲の人たちの対応もきつくなっていくように感じました（鬱だったので、思い込みかもしれません）。一方の私は、無給で1年頑張って、病気もしたのに、そんなに文句を言われるのは耐えられない、という状況になってしまいました。大きなプロジェクトにも携わっていたのですが、「もうできません」と。周囲に迷惑をかけはじめ、すべてがうまく回らなくなってしまいました。

ちょうど、研究者としての最後のチャンス、と覚悟を決めていたRPDに着任した矢先のことです。とても残念でした。ただ幸い、RPDの任期満了の2019年度の終わりまで、自分の研究は続けることができました。その後の2020年4月から現職に就き、教員の仕事を増やして、今はちょっと落ち着いて、自信を取り戻そうとしているところです。

女性が少ない、その裏に

実家が遠いこともあり、子育てをしているだけでも、研究を続けることで精一杯で、それ以上のことはなかなかできませんでした。いい研究がしたい、いい条件の職に就きたい、いい仲間が欲しい、と思いはするけれども、子育てと仕事の両立が今以上にしやすくなるような条件の仕事を見つけることは、とても難しいものでした。とにかく現状を維持するだけでも大変なのです。同様に感じている研究者、とくに女性研究者は、私だけではないのではないでしょうか。

そうしてなんとか続けて、そこで本当にラッキーなことに任期のない職がありました、という人は残るけれども、そうではなかった人たちも中にはいるでしょう。頑張り続けた、その先が明るくなかったとき、それを乗り越える苦労は計り知れません。

それでも生活は続きます。生活の比重というのは本来、とても大きなものです。生活と研究を両立しようとすると、研究のクオリティを下げざるを得ない。そうした負担がとくに女性のほうに大きくのしかかって、結果として男性より不利になるということは、あまり表面化しないものの、実はよくあるのではないでしょうか。職があっても、家庭の事情で辞めざるを得なかった人も知っています。

乳がんで鬱状態だったとき、もし周りが男性だけでなく、女性がもう少し普通にいたならば、全然ちがっただろうと思います。出産や育児のことですら男性と共有できないことが多い現状で、乳がんのことや、ホルモン剤での情緒不安定など更年期に似たような症状について、相談できる人はほとんどいませんでした。

我が家の場合、夫が家のことを何もしてくれなかったわけではありません。夫は育児にも家事にも、とても貢献してくれます。ただ、夫の勤務先の会社は、社員が仕事も育児も家事もやるということを前提にしていないため、夫自身にとっての両立が難しいのです。私の夫は会社員ですが、研究職でも似たような状況があるかと思います。

こういうことは本来、家庭の中で解決できる問題ではないと思います。家庭での問題と、働き方の問題は直結しています。男性が家庭や生活を優先できない状況が社会の中にできてしまっていることは、女性研究者がなかなか増えない原因の一つではないでしょうか。

男性の中にも、葛藤されている方がいらっしゃると思います。残業や休日出勤を前提とした働き方が続く限り、仕事と生活の両立はこれからも難しいままで、少子化は止まらないし、男女共同参画など、夢のまた夢ではないでしょうか。

★

職においても生活面でも、それぞれに大変な経験をしてきました。私が長男を出産したころに比べれば、よい方向に変化したことは数えきれないくらいあります。でもいまだに、一回りも年の離れた若い方たちの中にも、生活と研究の両立に苦労されている方がたくさんいらっしゃいます。

私のように苦労される方はそう多くはないかもしれませんが、これからの若い人たちには、つらい思いはしてほしくありません。がむしゃらに頑張ることよりもむしろ難しいかもしれませんが、どうかこれまでの慣習や常識に囚われず、自分自身に合った無理のないスタイルで仕事をしてほしいと思います。若い人たちを応援したい気持ちは強まるばかりです。

そして、やっぱり年をとるごとに、病気のリスクが高くなるということを、覚えておいてほしいと思います。この先、どんなトラブルが待っているかわからない。生活を大事にすることは仕事と同じくらい大切だという当たり前のことを、若いうちから意識してほしいと願っています。若いうちにちゃんと生活を整えておくことはとても大切なことです。それを後押しすることが、自分のような年配者の役割のように思います。

（談、2023年6月）

＊1　ポストドクター等一万人支援計画。文部科学省が、1996年度から2000年度の5年計画として策定した

施策。ポスドクなど競争的環境におかれる博士号取得者の雇用を一万人分創出するべく、大学などの研究機関に資金が期限つきで配布された。

中野（小西）繭　なかの（こにし）・まゆ

197?年生まれ。信州大学 先鋭領域融合研究群 社会基盤研究所 特任助教。専門は保全生物学。2004年に信州大学大学院工学系研究科にて博士（理学）を取得後、さまざまな任期付きの研究員を経て、2020年より現職。2010年より日本魚類学会男女共同参画委員も務める。

在宅介護・16年と3カ月

本村昌文
岡山大学

日本思想史の研究者で、大学の教員をしています。妻の病気をきっかけに２００５年８月から在宅介護生活が始まり、２０２１年11月28日に終止符が打たれました。16年と３カ月にわたる在宅介護生活では、介護サービスを利用する以外はほぼ一人で介護を行っていました。以下で、そのころのことを振り返ってみます。

在宅介護生活のはじまり——最も大変な日々

２００４年９月、朝になっても目が覚めなかった妻は、救急車で病院に搬送されました。脳内で出血し、血腫ができて脳幹を圧迫し、昏睡状態になっているとのことでした。医師から「このまま手術をしなければ命を落とし、仮に手術が成功しても意識がもどる可能性はきわめて低い」と言われ、私は厳しい「選択」を迫られました。最終的に手術を行い、奇跡的に、妻は意識を取り戻しました。

翌年の２月までは救急車で搬送された病院に入院していましたが、その後、リハビリのために転院し、２００５年８月からは在宅介護生活がはじまりました。当時、妻は41歳、私は35歳。退院時、妻は要介護3（後に要介護3と4を行ったりきたりしました）、片目は失明、左半身に麻痺が残り、左手は拘縮（関節を動かしにくくなった状態）。自力でベッドから車いすへ移ることはできず、トイレに座ることもできず、排泄はベッドで行い、着替えは一部介助が必要、食事は用意すれば自分で食べることが可能、という状態でした。

私のほうは、2000年4月からの任期3年の助手を退職したものの、次の就職先が決まらず、大学や予備校の非常勤講師、早朝の牛乳配達の仕事もしながら研究を続け、公募に応募する生活でした。この不安定な状況で、在宅介護の生活ができるのだろうか。またそもそも、在宅介護の生活のイメージがまったくつかず、そのことが大きな不安でした。

そこで、まずは転院先の病院の看護師の方々に介護のしかたを教えてもらい、自分でも市が主催する介護教室に行き、ケアマネジャー[*1]にも相談しながら、何とか在宅介護の生活環境を整えていきました。デイサービスとデイケアは週1日の利用からはじめ、残りの平日は自分で介護を担いました。週末はショートステイを利用し、研究の時間にあてるようにしました。

しかし、在宅介護生活をはじめて半年ほど経過した2006年の1月と、同じ年の6月、私は耳鳴りやめまいなどに襲われ、身体的な不調をきたすこととなりました。がんばりすぎない介護を心がけてはいたのですが、実際にはかなり無理をしていたと思います。

この時期、最も大変だったのは、夜の排泄ケアで睡眠が十分にとれなかったことです。約2時間おきに起きて、尿取りパッドを交換する生活でした。自分のペースで睡眠をとることができない生活がいかに人間の心身を蝕んでいくのか、実感した日々でした。

デイサービスやデイケア、ショートステイは、自分の休養のためではなく、非常勤講師の仕事や研究のために利用していたため、まとまって休む時間を確保することは困難でした。アルバイト生活で収入も少ない状況のため、介護サービスは利用限度額をこえないようにし、自分で介護を担う時間が多い時期でした。次の職を得るために研究業績を上げなくてはならないものの、介護に時間と労力を奪われ、なかなか思うようにいかず、焦りと不安を抱く日々でもありました。

フルタイムの非正規雇用で、介護の生活が変わる

２００６年10月、私は非正規ではあるものの、フルタイムの仕事につくことができました。仕事の内容は、大学創立百周年の記念事業の一環で、大学百年の歴史を本としてまとめる編纂事業です。この仕事につけたことが、私の在宅介護生活に変化を与えました。

まず、自分で担ってきた介護負担が減りました。フルタイムの仕事のため、毎日デイサービスとデイケアを利用し、日中の主な介護は出勤前の朝食の準備・後片付けや、デイサービスなどの送迎への送り出しとなり、介護負担は帰宅後の夜のケアが中心になりました。簡潔にいえば、介護から離れる時間が多くなったということです。相変わらず夜の睡眠は断続的にしかとれませんでしたが……。

次に、自分の専門とは違うものの、研究に近い仕事ができるようになりました。大学の歴史を本としてまとめる編纂事業では、大学に関する資料を集め、考察し、自分が担当執筆する章もあります。自分の専門とは異なるものの、学術的な研究環境のなかに自分の身を置くことができました。新たな研究テーマを見つけ、いまも共同研究を行う研究者と出会うこともでき、介護と、研究に関連しない

仕事で一色だった生活に変化が生まれました。

また、科研費にも申請することができ(それまでも、大学の非常勤講師として申請する資格はあったものの、非常勤先の方針で申請できませんでした)、3度目の申請では採択もされ、自分の研究をわずかながらも進展させる契機となりました。

毎日の仕事や研究のため、介護から離れる時間が増えたことで、それ以前よりも精神的にはかなり楽になりました。ただし、介護サービスの利用が利用限度額をこえ、自費でのサービス利用が増加し、家計は非常に苦しい状況でした。

ともあれ、この経験から私は、自費でのサービス利用を可能にする収入があることで、在宅介護の生活がかなりの程度円滑になると実感しました。仕事と介護の両立はたいへん難しい問題ですが、簡単に仕事を手放さないということは、長く介護を続けるうえで、とても重要な点だと実感しています。

正規の研究職の時期——使えるサービスは何でも使う

2013年4月から、私は運よく今の大学に着任することができました(それまでに応募した公募は86回)。非正規雇用のときよりも収入が増え、かつ安定し、自費での介護保険サービスを利用しても、何とかやっていけるようになりました。私の介護負担は前の時期とほぼ同じとはいえ、経済的な負担はさらに緩和されたのです。お金で何でも解決できるとは思いませんが、それでも、お金で解決できる問題はかなりあるのも事実です。月~土までデイサービス・デイケア、夕方にそれらから戻るときには訪問介護[*2]を利用し、夕食から服薬までをお願いしました。ショートステイが予約できないときは、自費で1泊2日の訪問介護をお願いしたこともありました。

出張がない日曜日は、サービス利用をせずに自分で介護をしました。裁量労働制での勤務なので、授業などはデイサービスの朝の送り出しに支障がないような時間に設定したりすることができ、大学教員であるからこそ、介護との両立ができた面もあります。ただしそれでも、さまざまな会議や学内外での業務があり、仕事と介護の両立は決して楽ではありませんでした。妻の介護は介護サービスに任せ、自分の時間の大半を仕事にあてていた、というのが適切な表現だと思います。

医療的ケアが増えてから

妻は２０１５年ごろから人工透析をするようになり、最後には腸閉塞を起こして口から食事をとれなくなって、中心静脈ポート[*3]で栄養を摂取する生活になりました。腸が癒着したために排便ができなくなり、胃の中に溜まるものを外に出すために、胃瘻《いろう》を造設することになりました。

奇妙なことに、このような医療的なケアが増えれば増えるほど、利用できる介護保険のサービスは減っていきます。とくに中心静脈ポートをつけることで、それまで利用していたデイサービス・デイケア・ショートステイがいずれも利用できなくなりました。ケアマネジャーの方が何とか利用できるデイサービスを探してくれましたが、デイケアやショートステイができる場所は最後まで見つかりませんでした。血液透析を行うためのグラフト（人工血管）の管理、中心静脈ポートの管理や点滴交換、胃瘻の管理など、それまでとは違った介護負担が私に増えた時期でもありました。

中心静脈ポートは定期的に交換する必要があり、交換のために一時的に入院することもありました。

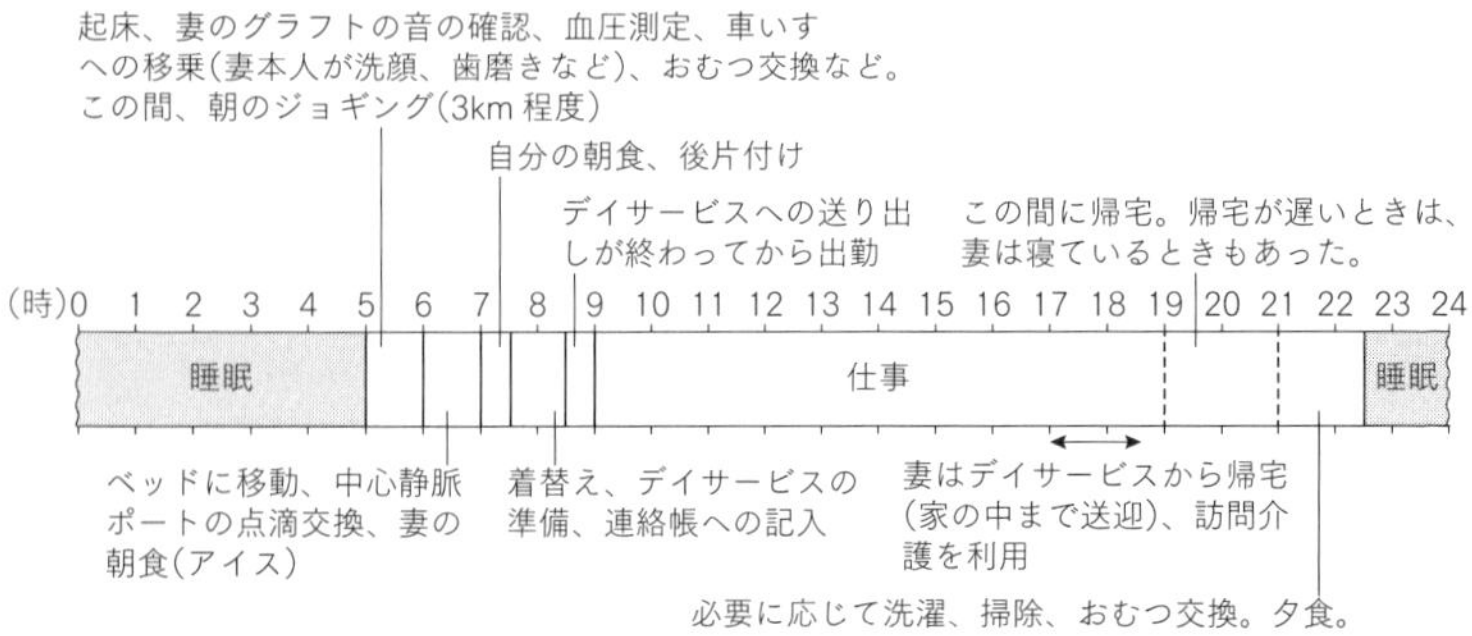

▲医療的ケアが増えた時期の月・水・金(デイサービス利用の日)のスケジュール。火・木・土は人工透析の日で、介護タクシーで妻を病院へと送り出し、透析が終わる時間にあわせて訪問介護を利用した。いずれの曜日も毎朝、グラフトの音を聴診器で確認し、正常に血液が流れているかをチェックする必要があった。

しかし2021年9月11日、定期的な交換で予定されていた入院よりも1日早く、グラフトの流れが悪くなり、妻は透析を終えて、そのまま入院することになりました。このときは、妻が自宅に戻ってくることができなくなるとは思ってもいませんでした。

入院後、グラフトの流れは回復しましたが、中心静脈ポートからの感染により発熱。抗生剤の投与で感染はおさまったものの、もともと悪かった肝臓がさらに悪化しました。それでもその後、肝臓の状態は少し安定し、10月末にはまた中心静脈ポートをつけ直す手術を行いました。しかし、このときに動脈の一部が傷ついてしまい、出血がとまらなくなってしまったのです。授業中に病院から携帯に電話が入り、病院に駆けつけました。

一命をとりとめたものの、傷ついた血管の処置をするために、別の病院に転院しました。そこで血管の治療はでき、11月18日にもとの病院に戻ることはできたものの、このとき主治医の先生からは、大量に出血したせいか肝臓に負担がかかり、妻の肝臓はもう限界をこえてしまい、治癒の見込みがなくなったことを伝えられました。

それから4日ほど、妻とは会話ができましたが、次第に妻の意識は混濁し、意思疎通を図ることができなくなりました。そして2021年11月28日、穏やかに晴れた日曜日の夕方、看護師さんたちが病室を出て、妻と2人になったとき、脈拍が20くらいまで急に落ち、妻はあえぐように二度、三度呼吸をして、脈拍はすぐに0になりました。ナースコールを鳴らすと、看護師、医師の方々がすぐに駆けつけてくれました。看護師さんに言われ、手を握り、何度も声をかけました。この間、二度ほど妻は息を吹き返すような感じはありましたが、もう二度と目覚めることはありませんでした。医療的なケアが増えてから、妻との生活がそう長くはないことを覚悟してはいたものの、別れのときは本当に突然やってきました。

おわりに――人生にも「余白」を

これまでの在宅介護の生活を振り返ると、私は、自分のもっている時間と労力を100パーセント以上使って、仕事と介護の両方を何とかこなしていたと感じます。

育児や介護など、それまでの生活とは異なる局面に向き合うときには、それまで以上に時間と労力を使う必要が生じます。このときに、すでに100パーセント近くの時間と労力を使って生活していたら、育児や介護に直面したとき、私たちはつねに100パーセント以上の時間と労力を使いながら生活せざるを得なくなります。常に100パーセント以上の時間と労力を使う生活――これは、たいへん過酷な生き方なのではないでしょうか。

私は、70パーセント程度の時間と労力で生きていることが大切なのではないかと感じています。車のハンドルに「あそび」の部分があるように、人生にも「あそび」のような余白の部分がある生き方を許容する社会の構築が、仕事と介護、仕事と育児の両立を可能にするのではないでしょうか。

在宅介護の生活が終わり、私の生活における人間関係の多くが、妻の介護に関わるものであったことに気づかされました。妻を介護する生活が終わることで、病院の先生方や看護師のみなさん、さまざまな介護サービスに関わる方々との関係が断ち切られることになりました。

私は自分の職場の同僚などに、介護をしていることを話してはいましたが、直接妻と会ったことがある人はいませんでした。妻を看取った後、私は、生前の妻のことを話せる人が、自分の身近にいないことに愕然としました。仕事と介護以外の場で「余白」の部分をつくり、そこでさまざまな人間関係を構築することが、介護を終えた後の人生においてとても大切になるのではないかと思っています。

（2023年9月）

＊1　通所リハビリテーション。利用者が施設に通い、リハビリなどの医療的ケアを受けられるサービス。

＊2　訪問介護員（ホームヘルパー）が自宅を訪問し、日常生活の支援を目的として、身体介護や生活援助を行うサービス。要介護認定を受けており、利用限度を超えていなければ、介護保険が適用される。

＊3　点滴のための、皮下埋め込み型の機器。主に直径2〜3㎝のタンク（ポート）と、静脈へ薬液を送り出すチューブからなり、通常の点滴よりも血管への負担を小さくできる。

本村昌文　もとむら・まさふみ
1970年東京都生まれ。岡山大学学術研究院ヘルスシステム統合科学学域教授。博士(文学)。専門は日本思想史、とくに近年は老い・看取り・死をめぐる思想史的研究を行っている。東北大学大学院文学研究科助手、岡山大学大学院社会文化科学研究科准教授等を経て現職。

終章

〈インタビュー〉

ケアをしながら働くということ

ケアとジェンダー、そして権力
——山根純佳さんに聞く

本書の結びとして、ケアや働き方を専門とされる方々に、ご自身の経験との関連も交えてお話をうかがいました。まずは、ケアとジェンダーをテーマに研究してこられた山根純佳さん(実践女子大学教授)。育児や介護といったケアとジェンダーの関連、アカデミアにおけるケア、そして現在の問題意識まで、幅広く語っていただきました。

(聞き手＝編集部)

社会学が専門の研究者で、都内の私立大学で教員をしています。やはり都内の大学教員である夫と、12歳・9歳の子どもたちと暮らしています。

多様さを可視化する

企業においても一定程度そうだと思いますが、研究者のワーク・ライフ・バランスやケアの経験はより千差万別で、ロールモデルが見つかりにくいなとすごく思います。

私のパートナーは研究者で、今朝もゴミを出して、お茶碗を洗ってくれたので、私はさっさと家を出てきましたが、同じ女性研究者でも、パートナーの職種などによってはほぼ一人で家事・育児されている方もいて、隣にいる研究者でも全然状況がちがったりします。だからこういう企画はすごく大事で、たぶん20人いて、ようやくロールモデルが1人いるかどうかという感じですよね。

研究者はキャリアの展開も、仕事の内容も、組織のありかたも多様。なおかつそこに、どんなケアか、どんなパートナーか、という変数が入ってくると、ものすごく多様になる。20人いたら20人ちがうというのを可視化するのは、すごく大事だと思います。

ひとりでケアを負う重さ

——夫婦共働きでケアをしていても、ケア負担が一方に大きく寄っているというケースを、取材の過程でしばしば聞きました。とくに、一方の雇用が不安定だったり、短時間勤務だったりすると、ケアの負担はそちら——たいていは女性のほう——に大きく偏りがちです。それで双方が安定し、合意の上でハッピーにやっている感じのケースもある一方で、大きな不満をため込んでいるケースも少なからずある。やっぱりジェンダー問題の影を感じることが多くて、非常に悩ましいなと思いました。

最近の研究で指摘されているのは、高学歴の女性たちが自分のケア負担の大きさについて、「これは性別分業構造が原因なんじゃなくて、私が選択したからやっている」という自己決定・自己責任の言説を用いる、ということです。仕事を選ぶという点では自分は選択をできたのだから、それで自分の人生が何かに制約されたというイメージはなくて、「子どものケアも教育も、こういうパートナーを選んだことも、私は好きこのんでやっているだけ」となるのです。人によっては、家のこともPTAとかも一手に担いつつ、仕事もすごくしていたりする。スーパーウーマンタイプです。そして夫の側も、妻が喜んでそうしていると思っていたりして……。

ですが、そうして一人で何もかも負っている方は、目に見えるケアに時間を費やしているだけでなく、頭もフル回転させていて、その意味でも大忙しだと思います。

というのも、ケアというのは、ご飯を食べさせたり寝かしつけたりという身体的な労働であるだけではなくて、「考えること」を要する営みでもあります。ケアされる本人を観察しつつ、社会で何が求められているかを考えつつ、かつ、どんな資源（お金、時間、人手）が利用可能かを考えつつ、望ましい状態(what)と、実現させるための方法(how)を、日々考え続けているのです。

望ましい状態を実現するというのは、簡単な作業ではありません。相手にとっての必要性とか、相手の心身の状況から「こうしたほうがいい」と思っても、それを実現するための資源が入手できないかもしれない。その場合、最善ではない形で「what」を再定義せざるを得ません。例えば、夜間の保育がないからネットでベビーシッターを探して雇わざるを得なくなったり、コロナ禍で学校が休校であれば子どもを一日中留守番させるしかなくなったりと、いろんなリスクの中で、どうにか時間や資源を調整して、ケアを実現しているわけです。

研究者の場合には、金銭面での外部資源の調達能力は低くないので、外からは一見、わりとうまく回っているように見えたりします。でも、ちょっと中をみてみると、「どうすべきか」を考える責任を女性だけが担っている、ということはよくある。もちろん、時間という資源についても、ケア負担の大きい側は、早く帰宅してうまくやっているように見えても、実際にはたとえば研究室であと1章分本が読めたのを読まずに早く帰っているわけなので、外からは見えないコストを払っているはずです。若いころ、私は年上の研究者が書いた「子ども一人、論文10本分(の時間をかけた)」というエッセイに衝撃を受けましたが、育児を経験した今は、これは10本以上かも……と不安になります。

スキルが一方に集積すると……

先に述べたように、ケアというのは実はすごく複雑な営みですが、こういう複雑なことを一人だけでやっていると、他のメンバーはそれに参加できなくなっていきます。ケアされる本人を観察する能力も、本人と会話する能力もなくなっていき、育児なら、子どもが何を大事にしているのか、学校で何が求められているのかもわからない。つまりケアラーとして「非熟練」になっていきます。

重度障碍児のケアの研究では、子どもをもって以降ずっと続くケアラーとしての人生の中で、子どもの人生や生活に関わるあらゆる責任が母親に集積していくことが多い、と指摘されています。サービスをすべてマネジメントして、さらにはアドボカシー――その子の権利が守られているかどうかをちゃんとチェックする役割――も、母親が一人で担い続け、父親はその分働きに行く、という分業が徹底されてしまうのです。医療や教育など利用する外部の機関も、「お母さん、どうしますか」と、母親に意思決定や判断を求める。こうして、ある種のスキルが母親に集積していくと、他の人(主に父親)はケアに関われなくなります。

ケアの責任の大きさというのは、不確実なこと、確証がもてないことを決断しつづけ、その結果の責任も引き受けなければならない点にあります。そうした「名もなきケア責任」をゆだねられる人が一人だけで、資源もできる限り家族の中で調達するというのが、近代家族に要求されてきたケアのありかたでした。しかし、一人の人間にそうした責任を委ねる性別分業は、経済的には合理的に見えても、ケアのマネジメントとしては合理的ではありません。ケアには、不確実なことを決断し続ける責任が伴いますし、ケアされる側のニーズを一人の人間の体力や時間で満たせるとは限らないからです。決断する責任やニーズを満たす労力を一人がすべて負うのではなく、パートナーを含め、複数の大人が共有してくれれば、心身ともに負担は大きく減ると思います。

私が教えている学生たちの声をきく限り、今の学生にとってでさえ、多くの場合、お父さんは「ケアできない存在」のようです。学生は「お父さんには考えられないから」と表現します。自分のことを考え、育ててきたのは、母親のほうだと認識しているようです。

とはいえ最近、オープンキャンパスにくるお父さんの数も増えたように思います。子どもにとって何がいいのか、一緒に考えるお父さんが少しずつ増えてきているのかもしれません。ケアする人の負担の面からも、ケアされる側にとっても、複数の信頼先・依存先がある方が、家族の生活の質を高める仕組みとして優れていると言えるでしょう。

別居はつらいよ

ケアの分担の話にも少し関連しますが、夫婦で別居している研究者は多いですよね。

――別居の経験がおありとうかがいました。

はい。上の子が生まれるころです。

山形大学に着任してすぐ妊娠して、産休・育休のときに半年東京に戻っていて、その後は半年夫が山形に育休できて、1歳児になった時点からは別居で、子どもと山形で暮らしていました。

保育園も大学もどちらも家から徒歩3分とか、今では信じられないようないい環境でした。子どもが熱を出して保育園に行けない日には、私の会議の時間中に、隣の研究室の先生が『となりのトトロ』をみせて待っていてくれたこともありました。保育園の先生も、非常に手厚く見守ってくれました。

でも、そういう社会的な資源があることと、家庭の中にもう一人、ケアに携わる人がいるかどうかというのは大きな違いです。いつもギリギリでした。東京の大学勤務の夫は、基本的には金曜にはきて、週末を山形で過ごし、週明けに大学に出勤していったのですが、平日だけでも、一人でケアする生活は本当に大変でした。

そこで、下の子の育休中に現職の大学に異動しました。同居しないと、とにかく生活も研究もやっていけないと思ったのです。産後で衰弱した体だったのに加え、育休を取得させてもらったのに異動することへの罪悪感も大きくて、急性胃腸炎になってしまいました。

でも一方で、そうした同居の機会を得にくく、別居を続けざるを得ない、20年別居してようやく同居を実現するような方もおられます。みなさんものすごくパワフルですが、パワフルな人だけを見ているとつらいですよね。

――結局、残るのはパワフルな人だけかという……。

そう。健康な人だけなんです。

成果主義の世界で

だから、「こうやって成功しました」という話だけ載せても、現実を見たことにはならない。仕事で成功した女性が、泣く子どもを置いて出張に出かけてました！　みたいな話は、「やってのけた」話として消費されがちですが、先ほどの話のように、表面的にはうまくやっていても、内実はいろいろです。

業績は個人のがんばりや努力次第と思われている研究者の世界では、「ある人が研究者として成功できて、育児もどうにかできた」というストーリーは、その人の能力に還元されてしまいがちです。「○○さんはすべてできたすごい人」、「なのに私はできなかった、子育てだけに時間を費やしてしまった」と。こうした能力主義で語る傾向が、研究者には強いんじゃないかと思います。でも実はそれは個人の能力だけじゃなくて、先述のような、親が近くにいたり、パートナーが頼りになったり、健康だったり、そういう要素も大きいものです。

この本のような「こういうふうにケアを調整し、工夫して、どうにかやっている」という話は、研究者という能力主義の世界ではなかなか出にくい。どうしても仕事のほうに向かって、「いまこれができているのは、ケアをこういうふうに工夫したからです」という語り口になってしまうのですが、いかにケアに対して時間・精神力・体力が使われているかというのが、もっと声高に語られるべきではないかと思います。

「介護」の見えにくさ

それから、介護は本当に不可視化されている。育児と、介護とを一緒にはできないなと思います。同じ「ケア」って言わないほうがいいんじゃないか、と思うほどです。もちろん育児でも、乳児と小中学生のケアには大きな違いがあります。

これは研究者以外でも同じですが、育児は誰がやっているのか、周囲からある程度認識されていま す。私が山形大学にいたころ、育休から復帰してすぐ、非常にお忙しくされている先生が「育休復帰後に大変だよね、授業一つやるよ」と、その一言で授業を代わってくださったことがありました。その方はもう少し大きいお子さんを子育て中で、自分がついこの間まで大変だったので、それをわかっていて。

育児だとかろうじてそういうコミュニケーションが成り立ちうるし、他人の状態が想像できますが、それが介護では成り立たない。まず可視化されにくいし、世代でもくくれない。要介護の場合にも、心身の状態は人それぞれです。

いまは若手の女性研究者支援がいろいろありますし、配偶者の帯同雇用制度（夫婦がともに研究者の場合、一緒に雇用する制度）を設けているところもあります。そういうことが介護だとしにくい。負担の重さも人それぞれで、本当に一口でいえません。たとえばシングルの人が介護を自分一人で背負うつらさは、夫婦で一緒に子育てしているようなケースとはまったく違うでしょう。また研究者の場合、介護で職を失うような状況にはならず、どうにかやりくりしているから、なおさら見えにくい。「あの人、最近論文書いてないよね」ということで終わってしまう。

それに、子育ての中には、「運動会だから休まなきゃ」とか、大変でも楽しいこともありますよね。自分もこの10年ほど、子どもと一緒の時間を楽しんだと思います。でも介護の時間の中に、育児と同じような楽しさがあるかといったら、そうではないでしょう。私自身も親の介護が必要になってきましたが、そこには子育てのようなポジティブな意味を付与することはできません。もっと介護の経験が語られるといいなと思います。

ケアと権力

――育児にせよ介護にせよ、働きながら家族のケアをする上では、程度の差こそあれ「外注」は欠かせません。しかしその一方で、「外注」先の方々は一般的に低賃金で、そしてやっぱり女性が多いというところに、引っかかりを感じることもあります。ケアやジェンダーといった研究分野において、この点はどのように議論されていますか。

こういうことを考える人って私以外にもいたんだなあ、と思うほどで、なかなかそういう話は出てこないのです。私は介護労働、特に訪問型のケアサービスを担う労働者が直面している問題について調査しています。訪問型の場合、サービス提供時間にしか時給が支払われず、移動や待機の時間は労働時間にカウントされないため、一日に稼げる額はわずかになります。ベビーシッターや家事サービスにおいても状況は同じです。

かつて、ジェンダー関連の研究者仲間で、「ベビーシッターを使うかどうか」という話題になったことがありました。「使う」とおっしゃる方に対して、私は、「使わずにどうにかやりくりする」と言ったんです。ベビーシッターを例えば2時間、自分の都合のいい時間に使おうとすれば、働く側の労働は細切れとなります。私は、ベビーシッターに生活賃金を保障するほどの額は支払えないから使わないのだと。もっともその後、「使う」とおっしゃった方にも、使わざるを得ない状況があるのだと気づいて、自分の発言をとても後悔したのですが……。うちはたまたまパートナーと会議の曜日がずれているとか、どうしてもの時は親にきてもらっているので何とかなっているとか、人によっていろんな状況がありますよね。

じゃあ保育園に預けるのはいいの？　みたいな話にも当然なるのですが、もちろん保育園の先生だって、低賃金という面では同じです。ケアは、それを提供する人と、利用する人のあいだの権力関係となかなか無縁ではいられません。制度の問題であって、利用者側の問題ではない、とは言えますが、利用者にも、政治や制度を変えていく責任がありますよね。でもこういう話は、研究者の間でもあまり出てこない印象があります。

世界的にみると、利用者がケアワーカーの生活や賃金を保障しようという動きもあります。たとえばアメリカやフランスでは、いずれも公的なケアサービスはわずかなので、家庭の女性が雇用主になって使用人を雇うという、いわゆる「家庭雇用モデル」が続いてきているのですが、その中で、使用人を雇う側の女性たちが、自分たちで組織をつくって、搾取しないような賃金を家事・ケア労働者に保障できるような制度を求める運動があります。フランスでは雇用主の女性たちが、家事労働者の労働協約の実現のために運動をしてきました。いいサービスを使うには、まずは労働者の労働条件が確保されなければならないですよね。それに、ケアや家事労働の重要性や価値を、社会的に認めてもらう必要もある。一方、日本では、ベビーシッターのサービスの利用にあたって政府から補助も出るようになり、そうした市場サービスの利用が増えてきていますが、家庭で働く労働者の保護や規制はなおざりになっています。

ケアや家事が市場化されると、高所得や高学歴の世帯でのサービスの利用は進みます。たとえばスウェーデンでは、家事サービスの購入費用に対して、政府が税額控除をする仕組みがあって、それを利用した世帯では、女性の労働時間や賃金が増えたとの分析もあります。先ほどの研究者の世界の話に戻るなら、これと同様に「研究者として成功したいのであれば、家事やケアを最大限外部化して、研究の時間を確保すれば成果を出せる」ということになりますよね。でもそれが果たして正解なのか、と思うのです。

ヘルパーやシッターの人たちと、その方々を使う側、雇う側が、現在は win-win の関係にはないことは確かだと思います。一方で、給付や規制の仕方によっては、搾取的ではない関係を作ることは可能です。では、どんな制度が望ましいのか。搾取的でない関係ができればそれでいいのか。いま毎日毎日、それについて考えています。特にこれという解はまだないし、一番、フェミニストが触れたくないところだとも思います。少し上の世代のフェミニストは、「女性が個人の選択で、稼いで介護を外注できる」ことをゴールにしてきたように思うからです。

家事や、育児・介護といったケア――特に親を介護するのはすごく悩みも多いしつらいのですが、それらを軽減するために外注化できてよかったね、という話になったときに、その外注先の人たちを、どういう雇用関係や権力関係の中に置いているかということについて、研究者は社会的責任として考える必要があると思います。でもそれを、ケアを抱える人だけに求めるのは過剰な負担です。ケアを抱えていない人たちにも、一緒に考えてもらいたい課題です。

――ありがとうございました。

（2023年12月）

山根純佳　やまね・すみか
1976年生まれ。東京大学大学院人文社会系研究科修士課程・博士課程修了。博士(社会学)。山形大学人文学部講師、同准教授を経て、2015年より実践女子大学人間社会学部准教授、2022年より同教授。専門は社会学。著書に、『なぜ女性はケア労働をするのか――性別分業の再生産を超えて』(勁草書房、2010年)、『産む産まないは女の権利か――フェミニズムとリベラリズム』(同、2004年)など。シリーズ『岩波講座　社会学』(岩波書店、2023年10月より刊行)編集委員。

働き方は変わるのか
——藤本哲史さんに聞く

終章インタビュー第2弾は、働き方やワーク・ライフ・バランスを研究してこられた藤本哲史さん（同志社大学教授）。おもに理系の女性研究者を対象とした調査を通して見えてきたことから、今後の展望まで語っていただきました。

（聞き手＝編集部）

社会学の研究者で、これまで30年近く、男女の働き方とその家族生活への影響をテーマに研究してきました。3人の子どもたちはすでに成人しています。

「変わらなさ」への失望

——本書の取材を通じて、研究者の方々のワーク・ライフ・バランスは古くて新しい問題なのだなという印象を持ちました。おもに理系の女性研究者のワーク・ライフ・バランスを調査する中で、どのような変化を感じてこられましたか。

私が日本の大学で教鞭をとるためにアメリカの大学から戻ったのが、1995年です。それから20年ほど、企業で働く人々のワーク・ライフ・バランスを研究してきたのですが、少し退屈になってきたところもあって、「女性研究者のワーク・ライフ・バランス」に関心を向けました。2013年あたりから、科研費を2クールもらって、10年ほど、アンケートやインタビューを通してその実態を研究してきました。女性研究者が、研究しながら家族生活を維持することが難しいという話は前から聞いていましたし、これまで民間企業の従業員を対象にやってきた研究の知見が、そこにも応用できるんじゃないか、と思って始めた面はあります。

ただ、結論からいいますと、理系研究者のワーク・ライフ・バランスの実現は、かなりハードルが高いなと。なぜか。

民間企業の研究からよくわかったことは、ワーク・ライフ・バランスは働き方を変えられるかどうかがキーになるということです。休業制度なり短時間勤務制度なり、柔軟な働き方を可能にするような仕組みづくりが重要で、実際、民間企業ではそういう取り組みが進んできています。

ところが、自分が研究対象にしてきた理系の研究分野は――こういうことを言うと理系の先生方に怒られるかもしれませんが――本当にリジッド(rigid)で、働き方がなかなか変わらないのです。

研究者間の競争は、文系よりも理系の方がずっと厳しい。勝つか負けるかの世界です。そうなると、どうしても仕事優先・研究優先になって、ちょっとでも家族や私的生活を重視したいというそぶりを見せると、「お前ほんとにやる気あるのか」みたいなことを言われてしまったりする。よく言われるように、理系は男性文化がかなり根強い領域ですから、子どもや家族の都合に関して、なかなか理解が浸透していかない。

理工系の学会の団体組織である男女共同参画学協会連絡会が大規模アンケート調査を始めてからもう20年近くになるのに、いつまで経ってもやっぱり、「女性研究者が少ない理由は何か」という質問に対して、「家庭と仕事の両立が困難」という回答が、男性・女性のいずれでも断トツ1位[*1]なんですよね。

そういう調査結果を見ても、やっぱり変わってないんだなあって思うんです。変えなくちゃいけないっていう人の意見が多いのに、この10年、20年、ほとんど変わっていない。だから、ある意味がっかりしたところもあります。これまで機会あるごとに、ワーク・ライフ・バランスの大切さを発信してきたつもりですが、あまり真剣に受け止めてもらえていないかもしれません。

成功のための黄金律

文系の場合、働き方はかなり、研究者個人の判断に委ねられる部分が大きい気がします。例えば、大学の専任職に就いたら、研究のウェイトを下げて教育により力を入れるとしても、それも一つのキャリアのあり方として、認められるように思います。逆もまたありです。どちらかでなくてはいけない、という絶対的なプレッシャーはない気がします。

でも理系の場合は、「研究至上主義」というか、「研究こそ第一でなくちゃいけない」という規範が、文系よりもはるかに強いような気がするのです。「成功するためにはこうでなくては」という黄金律みたいなものが、理系の世界にはあるようで、そこから外れると「負け犬」と思われてしまう。そう思われないように規範にしがみついているというのが、男性であれ女性であれ、理系でアカデミック・キャリアを目指す人に共通する姿勢のように思えます。

普通に研究者として生きていきたいっていう人も中にはいるはずなんですよね。トップジャーナルに論文を載せなくたって、自分の好きな研究をやって、大学で教えていければいいんだという人もいる。そういう生き方を認めるというか、可能にするような働き方を、見つけなくちゃいけないのではないでしょうか。

変化は起こるのか

――一方で、たとえば若い世代の男性研究者で、家事育児をシェアしたり、定時で帰ったり、といったことに抵抗のない方は結構いらっしゃるのだなと、取材を通じて驚いた面もありました。男性側の意識の変化についてはいかがでしょうか。

男性研究者にはほとんどインタビューをしてこなかったので、よくわかりませんが、研究の世界だけではなくて、民間企業の男性にしても、世の中の大きなトレンドとしてはそうなってきていますよね。そういう人たちを中心に、働き方をどう変えていけるかが、中期的には課題になると思います。とはいえ短期的には、民間でもそうですが、意識と行動を変えるべきは、まずは管理職レベルの年齢層だと思います。若い人はもう、放っておいても意識が変わっていきますから。

でも、管理職の考え方はなかなか変わらない。すでに自分の「成功ストーリー」を持ってしまっている人にとって、それを否定されたり、それとは違う価値観を受け入れなくちゃいけないっていうのはなかなか難しいのでしょう。大学の研究チームを取り仕切る立場にある先生たちが、意識改革をできればいいのですが……。そのあたりが、私が壁を感じたところでもあります。

そして、構造的な制約も大きい。ポジション(就職先)がたくさんあって、業績を伸ばせば良いポジションが手に入るようなマーケットであれば、「今は少しスローダウンしても、そのあともう一度がんばって良いポジションを狙おう」となるかもしれませんが、今は100パーセント頑張ったとしても、良いポジションが手に入りにくいマーケットの構造になっているわけです。

そんな中で、家庭のことも大切にしたい人と、365日研究室に通って仕事100パーセントの人がいるとなると、仕事100パーセントの人に絶対取られちゃいますよね。仕事を回す方も、やっぱりそっちを優先してしまうかもしれません。

作戦変更

そこで、実はこの研究の後半5年ほどは、作戦を変えました。「いかに研究者としてワーク・ライフ・バランスを実現するか」というのが、最初の5年間の自分の取り組み課題だったのですが、そのハードルの高さがわかってきたので、その後の5年間では「理系の能力を活用すべきはアカデミアだけか?」という問いに変えたんです。岩波さんでしたよね?『アカデミアを離れてみたら』[*2]っていう本がありましたが、あれが、まさにこの5年間の私のテーマだったのです。

働き方を変えることがそんなに難しいなら、もっとキャリアを柔軟に考えたほうがいいんじゃないか、と思ったわけです。理系領域で博士号を取ったからといって、アカデミアに固執する必要はなくて、自分の能力が生かされる世界はまだあるんじゃないの？　と。ポスドクの人たちにインタビューする中でそうした話になると、「そんな話、大学院のころに聞かせてもらっていたら、今の自分はかなり違っていた」というふうに言う人が何人もいました。やっぱり研究がベストであって、研究キャリアでなくちゃいけないというスタンスで、指導をされてきたようです。

もちろん、大学院での学位研究にはかなりの時間と努力が求められますから、それをアカデミアに就職して回収しようというのはわかります。3年、5年と時間を費やすほどに投資も大きくなって、簡単には「じゃあ民間で」と気持ちが切り替えられないのもよくわかる。ただ、学生さんのその先の長い人生のことを考えると、修士・博士・ポスドクのうちに、キャリアをじっくり考えてもらう必要があるのではと思います。それでもアカデミックに進みたいというのであれば、それはその人の判断ですから、否定する必要はありませんが。

で、理系の学会とかに呼ばれて、こういうことを何回かお話ししたのですが、やっぱりなんかウケが悪いっていうか……（苦笑）。「文系のくせに何言ってやがる」みたいなところもあるのかもしれません。

ワークとファミリーを追って

――これまで、一貫してワーク・ライフ・バランスに着目してこられたのですか。

概ねそうですが、そうと言い切れない部分もあります。

アメリカで博士の学位研究をしていた時には、いわゆる民間企業の従業員の、働き方と家庭生活の関係を追いかけていたのですが、当時、論文などでは「ワーク・ファミリー・バランス」という言葉が比較的よく使われていて、自分もそれを使っていました。でも、日本に帰ってきたら、この言葉が、日本にはまだなかった。

ただ、当時の厚生省(現・厚生労働省)はそういった問題に関心を持ち始めていて――ちょうど、育児休業制度が導入されたころでしたから――、私も厚生省のプロジェクトに入れていただいて、「ファミリー・フレンドリー」や「ワーク・ファミリー・バランス」といった言葉を使い始めました。しかし、それから5年もしないうちに、「ワーク・ライフ・バランス」という言葉が〝行政用語〟化されて、あっという間に広まり、ワーク・ファミリー・バランスのほうは、日本ではほぼ死語になってしまいました。「ファミリー」というと、結婚している人や家族のいる人以外を排除するようにも聞こえてしまいますが、たとえ単身の人であっても、「ワーク」と「ライフ」の調整は大事だという観点から、「ワーク・ライフ・バランス」のほうが、使い勝手がよい言葉だったのでしょう。

でも、私自身としては、やっぱり「ワーク・ファミリー」だ、と思っていました。というのも、「ワーク・ライフ(・バランス)」というときには、働く本人のライフに焦点が当たりやすいように思うんです。たとえば、長時間労働をしていると「その人」の余暇時間が減ってしまうとか、「その人」のストレスがたまるとか。要するに、「その人の働き方」と「その人」の問題、という観点なのですが、「ワーク・ファミリー(・バランス)」という表現には、たとえばその人の働き方が、重要な他者

――子どもだとか配偶者だとか――の生活にどのようにシワ寄せをするか、といったニュアンスが含まれる。自分がずっと問題意識として持ってきたのは、そのあたりなのです。

その延長で、私がこれから舵を取っていきたいと思っている研究は、民間企業の従業員も研究者も含め、父親の働き方と家族との生活に焦点を当てるものです。ワーク・ライフ・バランスというと、これまでは母親の側に焦点が当たりがちでしたが、今後はむしろ、父親がどのように働くと、子どもや配偶者などに正負の影響を与えるのか、時間をかけて見ていきたいと思っています。父親にとってのワーク・ライフ・バランスと、その家族における重要な他者へのクロスオーバーです。

――親としてのご経験も、問題意識に影響しているのですか。

それはあると思います。子どもたちは3人とも、もう大人になってしまいましたが。

子どもたちがまだ小さいころ、大学まで歩いて5分のところに住んでいたことがあって、可能な限り家で仕事をする時間を設けられたのですが、家にいて、何かあればすぐに子どもから話しかけてこられるような環境が意味あるものだということは、当時も肌で感じていました。そこは大学教員の仕事の恵まれているところで、仕事に集中する時間と、私的なことに割く時間とで、柔軟な調整が可能なんですよね。そして、そういうふうに子どもたちと関われたことが、長期的な親子の関係においても、よかったのではと思っています。とはいえ、民間企業の方からすると、「大学の先生はいいですよねぇ……」っていう話になるかもしれませんが(笑)。

ちなみに、理系の女性研究者にインタビューしてきた中でつくづく感じたのも、父親の影響の大きさです。父親にサイエンスの面白さを教えてもらったという人に、何人もお会いしてきました。親が子どもにトランスミットする価値観は、やっぱり大きいなあと思ったものです。

★

私が日本に帰ってきて、もう30年近く経ちます。

帰国後の5年ほどの間に、「ジェンダー」という言葉はもうけっこう使われるようになっていました。私の研究は、ワーク・ライフ・バランス／ワーク・ファミリー・バランスと、ジェンダーがクロスするあたりなのですが、自分が研究者としてのキャリアを終えるころには、これらのテーマではもう、食っていけなくなっているかもしれないな、くらいに思っていたのです。ワーク・ライフ・バランスにしても、ジェンダーに関しても。

でも、なんてことはない、全然ですよね。まだまだ積み残しの問題が多いし、新しい問題も出てくる。幸か不幸か、食いっぱぐれることはなさそうです。

――ありがとうございました。

（2024年3月）

*1　たとえば第5回は「第五回　科学技術系専門職の男女共同参画実態調査解析報告書」男女共同参画学協会連絡会（2022）図1.107, https://djrenrakukai.org/doc_pdf/2022/5th_enq/5th_enq_report.pdf

*2　岩波書店編集部編『アカデミアを離れてみたら――博士、道なき道をゆく』岩波書店、2021年。

藤本哲史　ふじもと・てつし

1964年生まれ。米国 University of Notre Dame 大学院社会学研究科博士課程修了。Ph.D. in Sociology. 南山大学外国語学部助教授・教授を経て、現在、同志社大学政策学部教授。専門は社会学。理系女性研究者・技術者のワーク・ライフ・バランスとキャリア形成の研究を経て、近年は父親の働き方が子どもの生活に与える影響を研究。

巻末付録

その後のこと

本書のもととなった連載の原稿執筆から本書の刊行まで、長い方で2年近くかかっています。その間に生活が大きく変わった方を中心に、近況を自由に綴っていただきました。（本書掲載順）

渡辺悠樹〈国際遠距離を乗り越えて――研究者としてのキャリアと家庭生活〉

2024年4月から息子も小学生となり、実際に送り迎えの役割がなくなってみると、夕方の時間にそれまでやっていた議論や計算を途中で切り上げなくともよくなったり、宿泊を伴う学会参加も容易になったりと、今のところ良いことずくめです。子育ての負担はこのまま単調に減っていくのか、あるいは思春期や受験などに伴う新たな苦労が生じるのかはまだわかりませんが、これからも家族の時間を大切にしながら、徐々に研究に埋没する生活に戻っていければと考えています。

髙橋由紀子〈二児の母のワンオペ育児・研究クエスト〉

最初の保育園で半年をすごした後、近所の保育園に転園した赤子は、0歳児4月入園の他の子たちの阿鼻叫喚をよそに保育園慣れムーブでニコニコご機嫌で登園し、前の保育園の慣らし保育に1カ月かかったのが嘘のように離乳食も爆速で幼児食に移行し、園の先生をして離乳食優等生とまで言わしめました。最近はイヤイヤ期に突入した赤子改め幼子よりも、小3になった小人のイヤイヤ感に翻弄される日々。常に新規開拓になる上の子と、それを受けての下の子の子育てに試行錯誤しながら、クエストを継続中です。

大平和希子〈タイミングをめぐる私たちの選択——出産・育児と研究のはざまで〉

今の職場とご縁があり、2024年3月末に息子と二人で帰国しました。息子はまたしても「親の都合」で帰国を早め、日本の小学校2年生に編入。すっかり慣れたアメリカの学校との違いに戸惑いも見せています。私は東京に単身赴任で、木曜夜から月曜朝までを富山で過ごしています。娘は2歳、息子は7歳。家族と過ごす時間が少ないのは寂しいですが、ボストン—富山間に比べれば、東京—富山間は時差もないし、私たち家族にとってはかなり近いぞ……とポジティブに捉えています。

とはいえ、息子が帰ってきたことで、夫の家事育児の負担は増加。平日に仕事に打ち込める私の生活とは裏腹に、夫は、息子の週2の習い事の日には15時半に職場を出て、送り迎えをしてくれています。「旦那さんすごいね」ってよく言われるんだよと伝えると、「全然すごくないよ。俺がやってることって、女の人がやっててもすごいねって言われないんだよ。俺は当たり前のことをしてるだけ」とサラリ。やはり人間7回目かな……。

小澤知己〈研究者夫婦の常識的日常〉

原稿執筆時には任期付きのテニュアトラック准教授でしたが、テニュア審査に無事通り、２０２４年４月からは任期なしの教授になることができました。これまでは、下の子が小学生になるころには職がないかもしれないなと思いながら研究をしていましたが、その心配がなくなって、精神的な負担が大幅に減りました。

ただし、妻にはまだ任期があります。私は40歳でようやく任期がなくなりましたが、将来の見通しがつかない任期付きの仕事が長く続くのは、日本のアカデミアの深刻な問題です。

別所－上原学〈おさるのジョージと黄色い帽子のおじさんのような生活〉

就職活動が実り、２０２４年４月から東北大学に着任することになりました。息子を海賊にせずに、家族４人揃って生活できる喜びを日々嚙み締めています。週末の移動による時間のロスや疲れからも、ようやく解放されました。夫婦ともにまだ任期付きの身ではありますが、家族一緒の生活を維持できるように頑張りたいと思います。

標葉隆馬〈３歳児の「親」になって——激変した生活と研究〉

２０２４年４月、ついにその時がきました。息子の小学校入学です。出会った時のあのか弱い感じの、あるいは家に来た時のわずかに怯えたような、声も小さく自己表現も薄かった男の子はもはや跡形もありません。堂々と手を振り上げながら入退場する息子の雄姿はまるでどこぞの国の首相か？

と思わせるに足るもので、なんでやねんと全力でツッコミを入れざるを得ないほど、なんともたくましい、存在感の塊に育ちました。

しかし、成長の喜びに酔いしれていたこの時、私たちはまだ理解できていなかったのです。「小1の壁」を。再び激変する生活、慣れない各種システムとルール、突然鳴る学校からの電話、等々。子どもが小学校という新しい場に慣れる以上に、親の側が適応するのに時間がかかったような気がします。友人が言っていた、Bigger Boy, Bigger Problem!! の名言に思いをはせながら、新しい日常が倍速で進んでいくようです。

しかし、そのような(気)苦労も、運動会で元気に踊る姿を見ると吹き飛ぶように感じるのですから、人間というのは不思議なものです。一生懸命に文字を練習し、楽しそうに音読する姿は大変好ましいもので、思わずニヤニヤしてしまいます。本当にあんたはかわいいなあ!!!

中野亮平〈海外で4人の子育てをしながら研究をするということ〉

原稿執筆直後に急転直下でご縁があり、2023年3月に本帰国を果たしました。全てが日本語で事足りる環境に戻ってきてみると、ドイツでの10年間、いかに自分の心が張りつめ続けていたのかに気づかされます。一方で、慣れない大学業務で爆増したタスク、学生への責任、マックスプランクとは根本的に異なる研究環境など、「ドイツvs.日本」と「研究所vs.大学」という2つの違いに苦しんでもいますが、これもまた新たな挑戦と捉えています。

子どもたちはあっという間にドイツ語も忘れて日本に爆速適応しており、妻も新たなコミュニティで新たな生活を楽しんでいます。帰国して事務手続きも車の運転もできるようになった妻に甘えて、(恐れていた通り)今はまだ家庭を放棄しっぱなしの状態ですが、なんとか早く新しいバランスを確立できるように頑張ります。

小町守〈ゆっくり急げ――みんなで遠くまで行こう〉

原稿執筆後の2023年6月から2024年2月まで、家族4人でイギリスに行き、在外研究をしました。自分は情報系、妻は精神医学の研究室でそれぞれケンブリッジ大学の客員研究員としてお世話になり、上の子は公立小学校、下の子は私立保育園に通いました。家族連れだとなかなか仕事はできませんし、調整も大変でしたが、最後は全員「日本に帰りたくない」と言うくらい、よい思い出になりました。

榊原恵子〈やれるところまでやってみる――綱渡りをつづけて〉

子どもの小学校入学に伴い、生活が大きく変わりました。学校生活への移行や学童の確保のために情報収集や生活の見直しが必要でしたが、周囲の方々のサポートや保育園時代からのネットワークがたいへん助けになりました。あらためて、持続的な研究活動のためには、持続的な生活基盤が必要であると感じました。

また、最近サバティカルで訪れたヨーロッパでは、100%未満契約の働き方について知りました。例えば、フルタイム週5日勤務の仕事の80%契約の場合、勤務時間(つまり週4勤務)、給与、社会保障などが80%となります。育児だけでなく、病気治療、起業などさまざまな理由で、この制度が利用されていました。日本でもこのような流動的な働き方が導入されれば、ライフイベントと仕事との両立が実現しやすいのではないかと思います。

丸山美帆子〈仕事も暮らしも楽しくまわす〉

本になるにあたって久しぶりに自分の原稿を読み、懐かしく思いました。家族はできれば一緒にいたいという考えで、皆で乗りこえた私の遠距離通勤時代ですが、実は1年前に終わりを迎えたのです。家族の理解のもと私の職場近くに引っ越し、生活は大きく変わりました。末の子どもも小学生となり、子どもに任せられることも増えました。

一方、ここからは、子どもたちの進路のことが重要な要素になってきます。研究者としての役割を終えて帰宅したら、親として3人の子どもの学校や塾のことに対応。思春期ゆえのメンタルの問題もありますから、それをどう支えるのかも親の大切な役割で、頭の中はやっぱりいつでもいろいろなことが絡み合っています。ただ、家族単位で少しずつレベルアップしているのも感じます。引き続き、私たちらしく前に進んでいきたいです。

佐田亜衣子〈「逆転」生活からみた世界〉

2024年3月に家族で熊本から福岡に引っ越しました。娘は小学4年生になり、新しい環境で、友達づくりに勉強、習い事のダンスと、悩みながらも頑張り、一方で熊本の友達とは今でも連絡を取り合っているようです。転勤の多い職業で家族に負担をかけることを申し訳なく感じつつも、福岡の地で家族ともども成長していければと思っています。

安部芳絵〈研究者、育てられながら親になる〉

本書のもととなった連載の記事公開後には、読者の方から「研究者ではないけれど共感しました」、「涙が止まりませんでした」、「卵焼き比率多めのお弁当、うちもです！」という声をいただきました。大学生になった長男は、たまに夕飯をつくってくれます。ありがたいです。一方、つい先日の22時過ぎ、連載は読んでいない末っ子から、「明日お弁当がいる」と言われました。「卵焼きとおにぎりだけでいいよ」とのことですが、こうした「事件」は未だ健在です。

谷口ジョイ〈波乱と混乱の生活記録——3人の子を育てつつ〉

嵐は過ぎ去ったが、穏やかな日々にはほど遠い。家族で談笑しながらゆっくりと夕食をとり、食後は夫の自慢のオーディオセットでクラシック音楽を楽しみながら、デザートとお紅茶……など夢のまた夢だ。夕飯をブワッとかき込み、ダダッと片付け、やれ、脱いだ靴下を片付けろだの風呂に入れだの、子どもたちにわめき散らかし、そうこうしているうちに一日が終わる。あと数年はこんな毎日が続くのだろうと思うと、疲労感に見舞われるが、私の人生はこれでいいのだ。多分。

本村昌文〈在宅介護・16年と3カ月〉

妻を介護していたころ、時々、こんなことを思うことがありました。

「この時間をもっとほかのことに（たとえば研究に）使えればなあ」

現在、私は自由に使える時間が増えました。しかし、不思議なことに、妻の介護のために使っていた時間をまるまる研究などにあてることはなく、ぼぉーっとしたり、県内外に散策に行ったりと、気ままに過ごしています。介護生活の間、自分がいかに張りつめた時間を過ごしていたか、あらためて実感しています。

研究者、生活を語る――「両立」の舞台裏

2024年10月18日　第1刷発行
2024年12月 5 日　第2刷発行

編　者　岩波書店編集部《いわなみしょてんへんしゅうぶ》

発行者　坂本政謙

発行所　株式会社 岩波書店
〒101-8002 東京都千代田区一ツ橋 2-5-5
電話案内 03-5210-4000
https://www.iwanami.co.jp/

印刷・理想社　カバー・半七印刷　製本・中永製本

ISBN 978-4-00-061661-4　　Printed in Japan